立思日语◎编著

高考日语
听力专项

涵盖历年高考真题＋新题型讲解

拆分记忆各类单词，罗列常用语法表述
听力场景区分练习，新旧题型强化练习

中国纺织出版社有限公司

图书在版编目（CIP）数据

高考日语听力专项 / 立思日语编著. --北京：中
国纺织出版社有限公司，2024.3
ISBN 978-7-5229-1470-1

Ⅰ.①高… Ⅱ.①立… Ⅲ.①日语课—高中—升学参
考资料 Ⅳ.①G634.463

中国国家版本馆CIP数据核字（2024）第046836号

责任编辑：房丽娜　　责任校对：高　涵　　责任印制：储志伟

中国纺织出版社有限公司出版发行
地址：北京市朝阳区百子湾东里A407号楼　邮政编码：100124
销售电话：010—67004422　传真：010—87155801
http://www.c-textilep.com
中国纺织出版社天猫旗舰店
官方微博 http://weibo.com/2119887771
鸿博睿特（天津）印刷科技有限公司印刷　各地新华书店经销
2024年3月第1版第1次印刷
开本：787×1092　1/16　印张：13
字数：150千字　定价：56.00元

凡购本书，如有缺页、倒页、脱页，由本社图书营销中心调换

前 言

日语作为外语考试科目，已经持续了45年之久。

近年来，随着中日两国交流的进一步加深，选择日语作为高考外语科目的考生急剧增加。但是，目前市面上针对高考日语的学习及复习资料却很少。针对这一现象，日研教育组织具有多年教学经验的一线教师和日语教育硕士等中日两国日语真题语言专家，对近20年的高考日语进行仔细、科学的分析和研究，对高考生学习中的难点、薄弱点进行统计分析，在此基础上编写了本高考日语系列丛书。

本日语系列丛书共有4册：《高考日语听力专项》《高考日语阅读专项》《高考日语作文专项》《高考日语模拟题》。系列丛书紧紧围绕高考考点，以简单的语言帮助学生梳理高考考点；每本书都有丰富的练习题目，练习题由易到难，循序渐进，帮助日语考生梳理知识点和难点。

本书为《高考日语听力专项》，其特点如下：

【高考听力分析】

	以往题型	新题型
听力量	11段录音，共15题	10段录音，共20题
题目	15题（第一大题为7段录音7问，第二大题为4段录音8问）	20题（第一大题为5段录音5问，第二大题为5段录音15问
分值	30分（2分/题）	30分（1.5分/题）
时间	25分钟	30分钟
听力类型	对话或短文的形式	对话或短文的形式

高考日语新题型在以往的基础上，增加了总题量，主要是第二大题长对话形式由先前的一段对话2问，增加到了一段对话3问。话题范围更加丰富，提问形式多样，但整体难度没有明显的上升，只需适量的多加练习即可。本书涵盖的场景范围广，练习丰富，可以很好的应对新高考题型的变化。

【本书特点】

将高考考点拆分，由易到难设置四大部分。

第一部分为听力中最为基础的发音部分，具体章节如下：

辨识发音	清音与浊音 长音与短音 促音与拗音
辨识人物关系 / 场景	简体与敬体 口语表达——缩略与省略 寒暄语 惯用表达
辨识语义语境	判断表达（肯定/否定/不确定） 疑问表达（题干/会话内多样化） 感叹表达（语气助词/感叹词）

在第二部分，编者研究近二十年高考日语听力的内容，总结出常见考点，具体分类如下：

常考词汇考点	数字类、时间类、自然类、场所类、物品类、人文类、人物类、指代类、形容词
常见语法考点	动作顺序、原因目的、请求拜托、许可命令、选择决定、计划打算、尊他自谦
常见场景考点	电话场景、借贷赠予、垃圾分类、物品丢失、工作安排、问路指路

第三部分针对听力中的难点拓展提升，具体又包括暧昧省略、信息变更、情景推理这三节。

本书每小节后都附带针对性的练习。此外，还在第四部分，安排了五套完整的听力模拟题。本书希望以丰富的练习题切实帮助读者提高听力能力。

编著者

2023 年 12 月

目 录

第一部分
基础巩固篇

第一单元　辨识发音

日语学习中清音浊音、长音短音、促音拗音是发音基础。想要提高听力准确性，就必须要掌握好发音基础。

第一节　清音与浊音

扫码听音频

五十音图中的「か、さ、た、は」行假名的右上方加上注音点，就形成了"浊音"。清音浊音区分在单词当中具有区别词义的作用，学习者必须熟练掌握。

练习

🎧 **1. 听单词，请在横线上填写假名，括号内填写汉字。**

（1）つ＿＿＿＿＿＿（　　　　　）　　（11）めい＿＿＿＿＿＿（　　　　　）
（2）つ＿＿＿＿＿＿（　　　　　）　　（12）めい＿＿＿＿＿＿（　　　　　）
（3）か＿＿＿＿＿＿（　　　　　）　　（13）＿＿＿＿うりょう（　　　　　）
（4）か＿＿＿＿＿＿（　　　　　）　　（14）＿＿＿＿うりょう（　　　　　）
（5）ち＿＿＿＿い（　　　　　）　　　（15）き＿＿＿＿＿ん（　　　　　）
（6）ち＿＿＿＿い（　　　　　）　　　（16）き＿＿＿＿＿ん（　　　　　）
（7）＿＿＿ん＿＿＿う（　　　　　）　（17）＿＿＿＿＿じょう（　　　　　）
（8）＿＿＿ん＿＿＿う（　　　　　）　（18）＿＿＿＿＿じょう（　　　　　）
（9）かん＿＿＿＿＿＿（　　　　　）　（19）＿＿＿＿＿んき（　　　　　）
（10）かん＿＿＿＿＿＿（　　　　　）　（20）＿＿＿＿＿んき（　　　　　）

🎧 **2. 听句子，从方框内选择相应的单词。请在横线上填写假名，括号内填写汉字。**

さっか	さいがい	かいがん	けんこう	せいと
ざっか	さいかい	がいかん	げんこう	せいど

（1）あの＿＿＿＿＿＿（　　　　　　）の作品は全部読みました。

（2）この夏休みはお知り合いの＿＿＿＿＿＿（　　　　　　）屋でアルバイトします。

（3）自然＿＿＿＿＿＿（　　　　　）の対策を考えましょう。

（4）コロナの影響で中止になった学園祭はいつ＿＿＿＿＿＿（　　　　　　）されるか分かります。

（5）おじさんはアメリカの＿＿＿＿＿＿（　　　　　　）都市で家を買ったそうです。

（6）一部の商品は＿＿＿＿＿＿（　　　　　　）からは、一体何なのか分かりません。

（7）お母さんは＿＿＿＿＿＿（　　　　　　）のために、ヨガを始めました。

（8）今週末は来月のスピーチ大会の＿＿＿＿＿＿（　　　　　　）を準備しないといけません。

（9）おとといのコンクールの結果を発表するために、＿＿＿＿＿＿（　　　　　　）を体育館に集めました。

（10）お兄さんの会社は管理＿＿＿＿＿＿（　　　　　　）がかなり厳しいです。

🎧3.听句子，补充相应的内容。请在横线上填写假名，括号内填写汉字。

（1）大学は＿＿＿＿＿＿（　　　　　　）学科に＿＿＿＿＿＿（　　　　　　）したいです。

（2）お姉さんの＿＿＿＿＿＿（　　　　　　）論文は、有名な学会の雑誌に＿＿＿＿＿＿（　　　　　　）されました。

（3）あの交通事故に関しては、保険会社が＿＿＿＿＿＿（　　　　　　）と＿＿＿＿＿＿（　　　　　　）してくれました。

（4）あさって、直接＿＿＿＿＿＿（　　　　　　）に行って＿＿＿＿＿＿（　　　　　　）を見る予定です。

（5）＿＿＿＿＿＿（　　　　　　）が締め切りなので、商品の生産を＿＿＿＿＿＿（　　　　　　）しなければなりません。

（6）＿＿＿＿＿＿（　　　　　　）は＿＿＿＿＿＿（　　　　　　）と一緒に大阪に行く予定です。

（7）妹が＿＿＿＿＿＿（　　　　　　）にしていたおもちゃを壊したので、＿＿＿＿＿＿（　　　　　　）が立っています。

（8）田舎に住んでいるおばあさんの＿＿＿＿＿＿は、＿＿＿＿＿＿（　　　　　　）でいっぱいです。

（9）お母さんは＿＿＿＿＿＿（　　　　　　）の隣の＿＿＿＿＿＿（　　　　　　）に勤めています。

（10）＿＿＿＿＿＿（　　　　　　）を辞めてから、空気のいい＿＿＿＿＿＿（　　　　　　）に引っ越しするつもりです。

第二节　长音与短音

　　假名当中除了拨音「ん」以外，都代表一个短音，它们都有相对应的长音。一个短音算一拍，长音则是两拍，它们发音不变，只需要将音拉长一拍即可。长音与短音在单词当中具有区别词义的作用，必须熟练掌握。

练习

🎧**1. 听单词，请在横线上填写假名，括号内填写汉字。**

（1）_____う（　　　　）　　　　（11）いっ_____（　　　　）

（2）_____う（　　　　）　　　　（12）いっ_____（　　　　）

（3）む_____（　　　　）　　　　（13）じゅ_____（　　　　）

（4）せん_____（　　　　）　　　　（14）じゅ_____（　　　　）

（5）_____かく（　　　　）　　　　（15）_____ぼう（　　　　）

（6）せつ_____（　　　　）　　　　（16）_____ぼう（　　　　）

（7）_____こう（　　　　）　　　　（17）せん_____（　　　　）

（8）_____こう（　　　　）　　　　（18）せん_____（　　　　）

（9）_____い（　　　　）　　　　（19）_____たい（　　　　）

（10）_____い（　　　　）　　　　（20）_____たい（　　　　）

🎧**2. 听句子，从方框内选择相应的单词。请在横线上填写假名，括号内填写汉字。**

おかし	けいしき	じょうし	ゆうき	ケーキ
おかしい	けしき	じょし	ゆき	クッキー

（1）この_____（　　　　）は、おばあさんが京都から送ってくれたものです。

（2）中国語を翻訳アプリで日本語に訳すと、_____（　　　　）くなりました。

（3）今回の試験の_____（　　　　）はまだ発表されていません。

（4）せっかくの休みなので、_____（　　　　）のいい郊外にキャンピングに行きます。

（5）兄は今日_____（　　　　）の結婚式に参加したので、夜遅く帰ってきた。

（6）妹は来年から地元の_____（　　　　）高校に進学します。

（7）日本語はまだ上手ではありませんが、＿＿＿＿＿＿（　　　　　　　）を出して会話してみ
ます。

（8）中国の南方では冬でもあんまり＿＿＿＿＿＿（　　　　　　　）が降りません。

（9）昨日買った＿＿＿＿＿＿はまだ冷蔵庫にあります。

（10）午後4時ごろ、近くの喫茶店で＿＿＿＿＿＿を食べました。

🎧 **3. 听句子，补充相应的内容。请在横线上填写假名，括号内填写汉字。**

（1）夕べはあの＿＿＿＿＿＿（　　　　　　　）な観光地へ旅行に行く＿＿＿＿＿＿（　　　　　　　）
を実現しました。

（2）去年買った＿＿＿＿＿＿（　　　　　　　）いシャツがどうしても見つからなくて、
＿＿＿＿＿＿（　　　　　）しました。

（3）お母さんに「その＿＿＿＿＿＿（　　　　　　　）で、＿＿＿＿＿＿（　　　　　　　）に行くの
はやめなさい」と言われました。

（4）兄は今回のプレゼンテーションは、自分の＿＿＿＿＿＿（　　　　　　　）よりも
＿＿＿＿＿＿（　　　　　　　）の助けがあったから成功したと言っています。

（5）部屋の＿＿＿＿＿＿（　　　　　　　）にあんまり時間をかけたくなければ、毎日の
＿＿＿＿＿＿（　　　　　）整頓をちゃんとしたほうがいいです。

（6）お父さんは今年の＿＿＿＿＿＿（　　　　　　　）診断で、＿＿＿＿＿＿（　　　　　　　）不足
だと言われました。

（7）今朝は＿＿＿＿＿＿（　　　　　　　）のアラームが鳴らなかったので、＿＿＿＿＿＿
（　　　　　）して遅刻しました。

（8）田中さんの息子さんたちは、＿＿＿＿＿＿（　　　　　）三人とも＿＿＿＿＿＿（　　　　　　　）
です。

（9）＿＿＿＿＿＿（　　　　　），連絡、＿＿＿＿＿＿（　　　　　　　）は、社会人の基本マナ
ーです。

（10）今年の健康診断は＿＿＿＿＿＿（　　　　　　　）が難しく、1か月前から申し込んで、昨
日＿＿＿＿＿＿時間が決まりました。

扫码听音频

第三节　促音与拗音

　　促音为停顿的符号，写法为「っ」。拗音为「き、し、ち、に、ひ、み、り、ぎ、じ、ぢ、び、ぴ」和复元音「ゃ、ゅ、ょ」拼起来的音节。促音与拗音在单词当中也具有区别词义的作用，必须熟练掌握。

练习

🎧 **1. 听单词，请在横线上填写假名，括号内填写汉字。**

（1）_____くじ（　　　　） 　　（11）_____か（　　　　）
（2）_____くだい（　　　　） 　（12）_____か（　　　　）
（3）_____きょく（　　　　） 　（13）_____こう（　　　　）
（4）_____てい（　　　　） 　　（14）_____こう（　　　　）
（5）_____し（　　　　） 　　　（15）_____か（　　　　）
（6）_____きゅう（　　　　） 　（16）_____か（　　　　）
（7）_____き（　　　　） 　　　（17）_____うし（　　　　）
（8）_____き（　　　　） 　　　（18）_____うし（　　　　）
（9）_____ちょう（　　　　） 　（19）_____か（　　　　）
（10）_____ちょう（　　　　） （20）_____が（　　　　）

🎧 **2. 听句子，从方框内选择相应的单词。请在横线上填写假名，括号内填写汉字。**

けっこん	がいしゅつ	じっけん	いっしゅう	ぶっか
けっこう	がいしょく	じけん	いっしょう	ぶか

（1）お姉さんは来年の五月に_____（　　　　　　）します。

（2）今回の日本語のテストは_____（　　　　　　）いい成績をとりました。

（3）祖父はただいま_____（　　　　　　）中で、夜8時過ぎに帰ってきます。

（4）今日は久しぶりに家族の皆で_____（　　　　　　）しました。

（5）夕べ駅前の交差点で発生した殺人_____（　　　　　　）が話題になりました。

（6）明日の化学の授業は_____（　　　　　　）がありますので、準備物が多いです。

（7）夜眠れなかったので、近くの公園が_____（　　　　　　）回りました。

（8）亡くなった祖母の最後の笑顔は＿＿＿＿＿＿（　　　　　　　）忘れられません。

（9）いい上司はいつも自分の＿＿＿＿＿＿（　　　　　　　）のことに関心を払うべきです。

（10）上海は人口も多いし、＿＿＿＿＿＿（　　　　　　　）も高いです。

3. 听句子，补充相应的内容。请在横线上填写假名，括号内填写汉字。

（1）今回の運動会は全員＿＿＿＿＿＿（　　　　　　　）するように厳しく伝えましたが、やはり＿＿＿＿＿＿（　　　　　　　）する人員がいました。

（2）デパートの一階に新しく＿＿＿＿＿＿（　　　　　　　）したコーヒーショップは、飲み物もデザートも＿＿＿＿＿＿（　　　　　　　）満点をつけたいぐらいおいしかったです。

（3）日本語のスピーチ大会で一等賞を＿＿＿＿＿＿（　　　　　　　）した。賞品は日本語の＿＿＿＿＿＿（　　　　　　　）をいただきました。

（4）先月から飼い始めた＿＿＿＿＿＿が、いつも私の＿＿＿＿＿＿で寝るので困ります。

（5）お母さんよりお父さんのほうが、＿＿＿＿＿＿（　　　　　　　）が＿＿＿＿＿＿（　　　　　　　）です。

（6）あさってのピクニックは、自分で食べ物を用意することになりましたので、＿＿＿＿＿＿のタルトと＿＿＿＿＿＿を持っていくつもりです。

（7）私の好きな俳優が有名な＿＿＿＿＿＿雑誌のモデルになっていたので、記念のためにその雑誌を＿＿＿＿＿＿（　　　　　　　）買いました。

（8）最近、お母さんは＿＿＿＿＿＿で＿＿＿＿＿＿することに夢中で、宅配便がよく来ます。

（9）今週の数学の授業は難しかったので、週末はもう一度＿＿＿＿＿＿（　　　　　　　）し、時間があれば＿＿＿＿＿＿（　　　　　　　）もしておきたいです。

（10）先輩が長期休暇を取ったため、土曜日まで＿＿＿＿＿＿（　　　　　　　）して＿＿＿＿＿＿（　　　　　　　）することになりました。

第二单元　辨识人物关系/场景

　　听力中往往出现多种不同的人物关系，以及各类不同的场景，根据不同的人物关系以及场景，其日语的表达方式也会有所不同，提前掌握此部分的内容，有助于更快速清晰地把握答题方向。

第一节　简体与敬体

扫码听音频

　　在日语当中，敬体与简体起到表达人物上下级别、亲密程度等人际关系的作用。考试当中也经常出现，所以日语学习者一定要掌握好简体与敬体知识。

	简体	敬体
名词	休みだ 休みだった 休みではない 休みではなかった	休みです 休みでした 休みではありません 休みではありませんでした
动词	書く（原形） 書いた（た形） 書かない（ない形） 書かなかった（なかった形）	書きます 書きました 書きません 書きませんでした
一类形容词	おいしい おいしかった おいしくない おいしくなかった	おいしいです おいしかったです おいしくありません・おいしくないです おいしくありませんでした・おいしくなかったです
二类形容词	大変だ 大変だった 大変ではない 大変ではなかった	大変です 大変でした 大変ではありません 大変ではありませんでした

练习

🎧 **1. 听句子，补充相应的内容。**

【名词】

（1）今挨拶するのは母の知り合いの＿＿＿＿＿＿＿＿＿＿＿＿＿＿＿＿。

（2）兄はもう＿＿＿＿＿＿＿＿＿＿＿＿＿＿＿＿。

（3）最後に田中さんと会ったのは＿＿＿＿＿＿＿＿＿＿＿＿＿＿＿。

（4）新しくできたあの建物は＿＿＿＿＿＿＿＿＿＿＿＿＿＿。

【动词】

（5）平日の朝ご飯はいつも学校の食堂で＿＿＿＿＿＿＿＿＿＿＿＿＿＿。

（6）おばあさんは熱があるのに、なぜか薬を＿＿＿＿＿＿＿＿＿＿＿＿＿＿。

（7）土曜日に本屋で友達の誕生日プレゼントを＿＿＿＿＿＿＿＿＿＿＿＿。

（8）先週末は友達の誕生日パーティーに参加したので、＿＿＿＿＿＿＿＿＿＿。

【一类形容词】

（9）数学は日本語より＿＿＿＿＿＿＿＿＿＿＿＿＿＿。

（10）李さんが飼っている柴犬は私を見ると大声で鳴き出すから、＿＿＿＿＿＿＿＿＿。

（11）先週の土曜日は一人で7歳の妹の面倒を見たが、意外と＿＿＿＿＿＿＿＿＿＿。

（12）今回の修学旅行に持っていった荷物は＿＿＿＿＿＿＿＿＿＿＿＿。

【二类形容词】

（13）兄はすべてのスポーツが＿＿＿＿＿＿＿＿＿＿＿＿＿＿。

（14）田舎は空気はいいが、交通は＿＿＿＿＿＿＿＿＿＿＿＿。

（15）今日は週末だったので、学校は非常に＿＿＿＿＿＿＿＿＿＿＿＿。

（16）友達は書道教室に通っているが、書いた字は＿＿＿＿＿＿＿＿＿＿＿＿。

🎧**2.听句子，补充相应的内容**。

（1）ピアノコンクールのため、1か月も＿＿＿＿＿＿＿＿のに、結局＿＿＿＿＿＿＿。

（2）駅まで全力で＿＿＿＿＿＿＿結果、終電に＿＿＿＿＿＿＿。

（3）受験勉強は＿＿＿＿＿＿＿が、いい成績が取れたので＿＿＿＿＿＿＿。

（4）花火大会を＿＿＿＿＿＿＿けど、思ったほど＿＿＿＿＿＿＿。

（5）私より4歳年下のいとこは、昔はよく泣く＿＿＿＿＿＿＿が、今は立派な中学生に＿＿＿＿＿＿＿。

（6）クーラーを消すと＿＿＿＿＿＿＿が、つけるとまた＿＿＿＿＿＿＿。

（7）最初はただ趣味でサッカーを＿＿＿＿＿＿＿が、今はプロの＿＿＿＿＿＿＿。

（8）毎日ピアノを＿＿＿＿＿＿＿が、決して＿＿＿＿＿＿＿。

（9）宿題はよく＿＿＿＿＿＿＿が、週末のゲーム約束は必ず＿＿＿＿＿＿＿。

（10）音楽を聞くのは＿＿＿＿＿＿＿が、歌うのは＿＿＿＿＿＿＿。

3. 听对话，听第一遍时在横线①_____上补充听到的简体或者敬体句型。

听第二遍时，改成相应的敬体或者简体句型填写到括号（②_____）内。

（1）A: 東京の天気は①_____（②_____）。

　　B: 今は涼しくて、ちょうどいい①_____（②_____）。

（2）A: この前買ったアイスクリーム、まだ①_____（②_____）。

　　B: うん、もう①_____（②_____）。

（3）A: ごめん、そっちにあるかばん、取って①_____（②_____）。

　　B: どれ？①_____（②_____）。

（4）A: どうしたの？なんか①_____（②_____）。

　　B: 夕べ、熱が出てほとんど①_____（②_____）。

（5）A: 圭太、去年のテキストはもう倉庫に片付けておいても①_____

　　　（②_____）。

　　B: お母さん、それは後で復習するときにまた使うから、しばらくは①_____

　　　（②_____）。

（6）A: 今週は三連休だから、久々に体育館へ水泳でも①_____

　　　（②_____）。

　　B: ①_____（②_____）。来週日本語のテストがあるけど、まだ全

　　　然見ていないから、今週はやっぱり図書館で勉強するわ。

（7）A: 午後の数学の授業で田中さんと会いましたが、「月曜日の発表を忘れないで」と李

　　　さんに伝言が①_____（②_____）。

　　B: あ！そういえば①_____（②_____）。伝言ありがとう。

（8）A: 今日までテストも終わったし、午後は田中さんと三人で買い物に①_____

　　　（②_____）。

　　B: 田中さんはテスト終わったら、実家に帰ると言っていましたので、①_____

　　　（②_____）。

（9）A: 10月1日予定のボーリング大会、①_____（②_____）。

　　B: うーん、久々のゴールデンウィークだし、両親もふるさとに帰ってほしいと言って

　　　いるから、多分①_____（②_____）。

（10）A: 今回の数学のテスト、満点を取って、お母さんを①_____

　　　　（②_____）。

　　　B: 後一週間しか準備時間がないから、満点は①_____

　　　　（②_____）。

第二节　口语表达——缩略与省略

　　缩略与省略是日语口语常见的语言现象，目的是达到更简洁的表达效果。考试当中也经常出现，所以日语学习者一定要掌握好缩略与省略知识。

一、缩略

口语表达	标准	例句
こ/そ/あっち	こ/そ/あちら	★返し物はそちらの棚に置いてください。 →返し物はそっちの棚に置いてください。
～てる	～ている	★雨が降っている。 →雨が降ってる。
～てく	～ていく	★情熱がだんだん冷めていく。 →情熱がだんだん冷めてく。
～てれば	～ていれば	★ベンチに座っていれば、日差しを避けることができる。 →ベンチに座ってれば、日差しを避けることができる。
～てたら	～ていたら	★蝶々を追いかけていたら、迷子になった。 →蝶々を追いかけてたら、迷子になった。
～とく	～ておく	★早めに完成しておく。 →早めに完成しとく。 ★陽子、台所のお皿を片付けておいて。 →陽子、台所のお皿を片付けといて。
～ちゃ/～じゃ	～ては/～では	★もうこんな時間だから、急がなくては。 →もうこんな時間だから、急がなくちゃ。
～ちゃう/～じゃう	～てしまう	★うっかりして、コーヒーをこぼしてしまった。 →うっかりして、コーヒーをこぼしちゃった。
～って	～と	★『吾輩は猫である』という本 →『吾輩は猫である』っていう本
	～そうだ/～と聞いた	★今回の写真展はキャンセルされたそうだ。 →今回の写真展はキャンセルされたって。
	～は	★宿題は何だったかな。 →宿題って何だったかな。

続表

口语表达	标准	例句
ん	の	★今日は遅い<u>の</u>で先に寝てください。 →今日は遅い<u>ん</u>で先に寝てください。 ★送別会は延期になった<u>の</u>です。 →送別会は延期になった<u>ん</u>です。 ★時は流れて行くも<u>の</u>だ。 →時は流れて行くも<u>ん</u>だ。
	ない	★冷蔵庫のビール、誰が飲んだか知ら<u>ない</u>。 →冷蔵庫のビール、誰が飲んだか知ら<u>ん</u>。
～なきゃ	～なければ	★今回こそいい成績を取ら<u>なければ</u>。 →今回こそいい成績を取ら<u>なきゃ</u>。

练习

🎧 1. 听句子，听第一遍时在横线①＿＿＿＿＿上补充听到的缩略句型。

听第二遍时，改成相应的标准句型，填写到括号（②＿＿＿＿＿）内。

（1）お父さんはさっきから倉庫においてあるガラス瓶を①＿＿＿＿＿＿＿
（②　　　　　　）。

（2）明日は友達が遊びに来るから、今日宿題を①＿＿＿＿＿＿＿（②　　　　　　）。

（3）台所にあるワインをブドウジュースだと勘違いして、つい①＿＿＿＿＿＿＿
（②　　　　　　）。

（4）妹は小さくてまだお箸が使えないから、手でラーメンを取ろうとする姿を見ると、つい①＿＿＿＿＿＿＿（②　　　　　　）。

（5）今日はおじさんとおばあさんが家にいらっしゃって食事をするから、事前にお母さんと一緒にごちそうを①＿＿＿＿＿＿＿（②　　　　　　）。

（6）朝一のバスのチケットしか買えなかったから、今日はさっさと整理して、早く①＿＿＿＿＿＿＿（②　　　　　　）。

（7）急に約束場所が変わったんで、森さんは急いで田中さんに①＿＿＿＿＿＿＿
（②　　　　　　）。

（8）その席は障碍者専用だから、①＿＿＿＿＿＿＿（②　　　　　　）。

（9）佐藤さん①＿＿＿＿＿＿＿（②　　　　　　）人が、体育館で君を探してたよ。

（10）①＿＿＿＿＿＿＿（②　　　　　　）のテーブルの一番奥に座っている方が、数学の先生です。

🎧 **2.听录音，选择与录音意思一致的一项。**

（1）A: 朝ご飯を食べましたが、遅刻していません。

B: 朝ご飯も食べていませんし、遅刻もしていません。

（2）A: お母さんは、もうゴミを捨てました。

B: お母さんは、まだゴミを捨てていません。

（3）A: 鈴木さんは担任の先生が来月辞めると言いました。

B: 担任の先生は来月辞めると言いました。

二、省略

省略表达	标准
★早く行って。	→早く行って（<u>ください</u>）。
★終電に間に合わないかも。	→終電に間に合わないかも（<u>しれません</u>）。
★そろそろ出発したら？	→そろそろ出発したら（<u>どうですか</u>）。
★そろそろ行かなければ。	→そろそろ行かなければ（<u>なりません</u>）。
★相手に勝ちたいなら、もっと頑張らないと。	→相手に勝ちたいなら、もっと頑張らないと（<u>いけません</u>）。

练习

🎧 **1.听对话，听第一遍时在横线①_____上补充听到的缩略或省略句型。**

听第二遍时，改成相应的标准句型填写到括号（②_____）内。

（1）A: 明日のスポーツ大会、山口さんも①_____（②_____）。

B: えっ、先週階段から転んで、足を怪我①_____（②_____）。

（2）A: あのう、その席は私の席①_____（②_____）。

B: あ、すみません。ちょうど①_____（②_____）。

（3）A: 今夜のドラマはお姉さんが録画して①_____（②_____）。

B: じゃあ、スポーツ番組もついでに①_____（②_____）。

（4）A: 遊びで初めたピアノなんですけど、①_____（②_____）、簡単な何曲かは弾けるようになりましたよ。

B: それはすごいですね。じゃあ、今度鈴木さんと二人で一曲演奏してみるのも①_____（②_____）。

（5）A: 例の補講予定の授業は、数学①_____（②_____）歴史だったんだ。

B: そうでしたか。じゃあ、春奈さんにも一言伝えたほうが①＿＿＿＿＿＿＿＿＿＿

（②　　　　　　　　）。

（6）A: 明日は授業前に単語をチェックするから、今のうちに①＿＿＿＿＿＿＿＿＿＿

（②　　　　　　　　）。

B: そうだね、私は明後日の授業なんだけど、やっぱり早めに①＿＿＿＿＿＿＿＿

（②　　　　　　　　）。

（7）A: 来週の発表内容は、自分の故郷の名物紹介だから、事前に資料を①＿＿＿＿＿＿＿

（②　　　　　　　　）。

B: ①＿＿＿＿＿＿＿＿＿（②　　　　　　　　　）？そんなの、初耳だわ。

（8）A: お母さんが好きな木村拓哉のドラマって、①＿＿＿＿＿＿＿＿（②　　　　　　　　）。

B: もう12時も過ぎているから、とっくに①＿＿＿＿＿＿＿＿（②　　　　　　　）。

（9）A: 明日はピクニックなんだけど、天気はどうだか①＿＿＿＿＿＿＿＿＿＿

（②　　　　　　　　）。

B: ちょっと見てみよう。えーと、曇りだけど、雨は特に①＿＿＿＿＿＿＿＿

（②　　　　　　　　）。

（10）A: ちょっと寒いね。①＿＿＿＿＿＿＿＿（②　　　　　　　　　）、風邪を引くかもしれ

ないから、窓を閉めるね。

B: 待って、①＿＿＿＿＿＿＿＿（②　　　　　　　　　）駄目だよ。さっき料理を作る時

に焦げて煙がすごかったから、換気しているのよ。

🎧 2. 听录音，选择与录音意思一致的一项。

（1）A: 明日はバスで京都に行くから、チケットを予約しないといけない。

B: 明日はバスで京都に行くから、チケットを予約しなくてもいい。

（2）A: 伊藤さんはもう実家に到着しました。

B: 伊藤さんはまだ実家に到着していません。

（3）A: 熱が下がったので、学校を休んだらだめです。

B: 咳がまだ止まっていないから、学校を休んだほうがいいです。

（4）A: 好きではないので、飲みません。

B: 飲みたいですが、やめます。

（5）A: 女の人は友達と喧嘩しました。

B: 女の人は友達と喧嘩していません。

扫码听音频

第三节 寒暄语

　　日语中的寒暄语独具日本民族特有的含蓄委婉的特征，在日常生活中使用率极高。考试当中也经常出现，所以日语学习者一定要掌握好常用寒暄语。

分类	常用寒暄语	解释
初次见面	初めまして、どうぞ宜しくお願いし致します。	初次见面，请多多关照。（初次见面时的问候语）
不同时段的招呼	おはようございます。	您好！（早上见面时）
	こんにちは。	您好！（白天见面时）
	こんばんは。	您好！（晚上见面时）
	お休みなさい。	晚安。（睡觉前）
天气相关	—いい天気ですね。 —そうですね。	—今天天气不错呢。 —是啊。（日常见面时）
外出与回来	行ってきます。	我走了。（外出人对家里人说）
	いってらっしゃい。	你走好！（家里人对外出人说）
	気をつけてください。	路上小心。（家里人对外出人说）
	ただいま。	我回来了。（回来时对家里人说）
	お帰りなさい。	你回来啦。（家里人对回来的人说）
分别时	また明日。	明天见。（道别且明天再见面时）
	お疲れ様でした。	您辛苦了。（一般为结束工作时）
	では、お先に失礼します。	告辞了。（先离开时）
	さようなら。	再见。（一般在长久别离时使用）
再次见面或联系时	お久しぶりです。	好久不见。
	ごぶさたしております。	好久没有联系了。
餐桌上	いただきます。	我吃啦！（吃饭前）
	ごちそうさまでした。	多谢款待！（吃完后）
等待相关	お待たせしました。	让您久等了！（含有歉意）
	少々お待ちください。	请您稍等一下！（拜托对方等候时）

续表

分类	常用寒暄语	解释
表示歉意	すみません。	对不起，请问？（表示歉意，或搭话）
	ごめんなさい。	对不起。（表示歉意，礼貌程度低）
	申し訳ございません。	非常抱歉。（表示歉意，礼貌程度高）
感谢与回应	どうもありがとうございます。	非常感谢。（表示感谢）
	いいえ、どういたしまして。	别客气。（对于对方谢意的回应）
服务行业相关	いらっしゃいませ。	欢迎光临。（顾客光临时）
	毎度、ありがとうございます。	感谢您每次的惠顾。（顾客离开时）
其他	おめでとうございます。	恭喜恭喜。（适用于各种祝贺场景）
	つまらない物ですが…	一点小意思。（传达礼物时）
	まだまだです。	差得远呢。（被夸赞某种能力高时）
	ごめんください。	有人在吗？（敲门时）
	いつもお世話になっております。	总是承蒙您的关照。

练习

🎧 听句子，补充句型。

（1）＿＿＿＿＿＿＿＿＿、宅配便です。木下さんはいらっしゃいますか？

（2）あら、斉藤先生、お久しぶりです。うちの息子が＿＿＿＿＿＿＿＿。

（3）今日のアルバイトは8時までですから、もう帰ります。では、＿＿＿＿＿＿＿＿。

（4）＿＿＿＿＿＿＿＿＿、李陽と申します。拓海さんのクラスメイトですが、拓海さんはいますか？

（5）先週借りた本ですが、明日返してもいいですか。今日持ってくるのを忘れました。
＿＿＿＿＿＿＿＿。

（6）A: 鈴木さん、この前は一緒に財布を探してくれて本当に助かりました。
B: ＿＿＿＿＿＿＿＿。

（7）A: 先生、次の自習ですが、先に帰ってもいいですか。午後から歯が痛くて。
B: あらら、それは大変ですね。＿＿＿＿＿＿＿＿。

（8）A: 趙と申します。田中さんの頼みで中国語を教えに来ました。
B: じゃあ、多分家を間違っていますよ。こっちは山口です。
A: あ、住所を間違えたかも。＿＿＿＿＿＿＿＿。

（9）A:＿＿＿＿＿＿＿＿＿＿。空いている席へご自由にどうぞ。

　　B:ありがとうございます。あのう、注文は後でいいですか。友達が来るまで時間が
　　　かかっちゃって…

（10）A:李さん、ようこそ。遠い所をよくいらっしゃいました。

　　　B:ご招待ありがとうございます。では、＿＿＿＿＿＿＿＿＿。これ、ちょっとつま
　　　　らない物ですが…

（11）A:ああ、急がないともう約束時間に間に合わないよ。お母さん、＿＿＿＿＿＿＿＿＿。

　　　B:ゆっくり、＿＿＿＿＿＿＿＿＿。安全第一だよ。

（12）A:＿＿＿＿＿＿＿＿＿。今日は道がすごく混んでたよ。

　　　B:＿＿＿＿＿＿＿＿＿。明日からお盆休みが始まるからね。

（13）A:山口先生、＿＿＿＿＿＿＿＿＿。

　　　B:あら、王さん、そういえば卒業してから一年ぶりだね。＿＿＿＿＿＿＿＿＿。

　　　A:はい、＿＿＿＿＿＿＿＿＿。ちょうど山下さんと喫茶店で会う予定ですが、お時
　　　　間があれば、一緒に話でもしませんか。

　　　B:そうですね。こう再会したのもご縁ですから、そうしよう。

（14）A:王さん、口に合うかわからないけど、いっぱい食べてね。

　　　B:松田さん、今日はご招待、本当にありがとうございます。では、

　　　　＿＿＿＿＿＿＿＿＿。

（15）A:松田さん、＿＿＿＿＿＿＿＿＿。この魚の煮物は本当においしかったです。

　　　B:あら、それはよかったね。おいしそうに食べていたから、私も嬉しかったわ。

（16）A:伊藤さん、今日のバイトは確か8時までだったよね。もうそろそろ時間だから片付
　　　　けて帰っていいよ。お疲れ様。

　　　B:はい、では先に失礼します。＿＿＿＿＿＿＿＿＿。

（17）A:夏美、お誕生日＿＿＿＿＿＿＿＿＿。ほら、プレゼントも準備したよ。

　　　B:うあー、ありがとう。この人形、本当にかわいい。

（18）A:もしもし、いつものケーキとコーヒーセットを持ち帰りで準備してくれますか。

　　　B:はい、準備してお置きます。＿＿＿＿＿＿＿＿＿。

（19）A:はーい、皆さん注目。留学生の張さんです。張さん、簡単に自己紹介を。

　　　B:＿＿＿＿＿＿＿＿＿。張麗華と申します。どうぞ、よろしくお願いします。

（20）A:晴美、明日の朝ご飯は冷蔵庫の中のパンと牛乳を食べてね。私は先に寝るよ。

　　　B:分かった。朝ご飯ぐらい自分で何とかするから、心配しなくていいよ。

　　　　＿＿＿＿＿＿＿＿＿。

第四节　惯用表达

扫码听音频

　　日语惯用表达是日本人在语言生活中创造出来的，形式简洁，是表示特定意义的词组或者短句。考试当中也经常出现，所以日语学习者一定要掌握好常用的惯用表达。

分类	惯用表达	解释	分类	惯用表达	解释
飲食	お粥を食べる	喝粥	身体	頭がいい	聪明
	薬を飲む	喝药		頭を冷やす	冷静
「気」に関する	気がつく	注意到		頭にくる	生气
	気に入る	看中		腹がすく	肚子饿
	気になる	挂在心上		お腹がいっぱいだ	饱
	気にする	介意		腹が立つ	生气
	気がする	感觉到		髪を切る	剪发
	気を配る	照顾		手をあげる	举手
	気を付ける	小心		手を振る	招手
	人気がある	受欢迎		手に入れる	弄到手
学校	授業を受ける	听课	心身状態	体が弱い	身体弱
	宿題をする	写作业		気持ちが悪い	恶心
	友達を作る	交朋友		具合が悪い	不舒服
日常行動	睡眠を取る	睡觉		気持ちがいい	心情好
	シャワーを浴びる	淋浴		風邪を引く	感冒
	お風呂に入る	洗澡		楽になる	变得轻松
	歯を磨く	刷牙		無理をする	勉强
	服を着る	穿衣服		気の毒	可怜
	ズボンを穿く	穿裤子		都合がいい/悪い	方便/不方便
	帽子を被る	戴帽子		用がある	有事
	タクシーを拾う	打车	その他	間に合う	赶上
かける	声をかける	打招呼		印をつける	打上记号
	電話をかける	打电话		首になる	被辞退
	迷惑をかける	添麻烦		会社をやめる	辞职

续表

分类	惯用表达	解释	分类	惯用表达	解释
かける	眼鏡をかける	戴眼镜	その他	役に立つ	有用
	腰をかける	坐下		風が強い	风大

练习

🎧 1. 听句子，补充句型。

（1）今、外で何か音がした＿＿＿＿＿＿＿＿＿けど、鈴木さんは聞こえましたか。

（2）谷口さんがこれから私の家に来ると言っていますので、何か＿＿＿＿＿＿＿＿＿と思いますが、どういうことかまったく心当たりがありません。

（3）さっき雨で濡れちゃったから、早く＿＿＿＿＿＿＿＿＿温めたほうがいいですよ。

（4）高橋さんは＿＿＿＿＿＿＿＿＿、今日の授業を休むそうです。

（5）張さん、顔が真っ白ですよ。＿＿＿＿＿＿＿＿＿に見えますが大丈夫ですか。

（6）A: じゃあ、行ってきます。

　　 B: ＿＿＿＿＿＿＿＿＿、ばあちゃんが田舎からみかんを送ってくれたから、学校に持って行って、友達と食べて。

（7）田中さんは明日の試験のことをまったく＿＿＿＿＿＿＿＿＿様子です。

（8）A: 井上さん、鈴木さんのことを聞きましたか？クラスメイトと喧嘩して退学されたそうですよ。

　　 B: ＿＿＿＿＿＿＿＿＿。

（9）妹にお菓子を食べられたぐらいで、そこまで＿＿＿＿＿＿＿＿＿の？

（10）A: 青山さん、知り合いにコンサートのチケットをもらいましたけど、日付が明日の夜8時からですよ。一緒に行きませんか？

　　　 B: ごめん、明日の夜は別の約束があるわ。＿＿＿＿＿＿＿＿＿。

🎧 2. 听录音，选择与录音意思一致的一项。

（1）A: 先生は学生食堂の料理をチェックします。

　　 B: 先生は学生食堂の料理をチェックしません。

（2）A: 3時から4時の間には用事がありません。

　　 B: 3時から4時の間には用事があります。

（3）A: 女性と男性は、これから一緒に食堂へ行きます。

　　 B: これから、男性一人で食堂へ行きます。

（4）A: 猫を見て、驚きました。

B: 猫を見て、かわいいと思いました。

（5）A: 山口さんは、今日つらそうに見えました。

B: 山口さんは、今日楽しそうに見えました。

（6）A: 今は、食べ物がほしいです。

B: 今は、食べ物がほしくありません。

（7）A: 今は、食べ物がほしいです。

B: 今は、食べ物がほしくありません。

（8）A: 田中さんは明日出勤します。

B: 田中さんは明日出勤しません。

（9）A: 今は忙しいです。

B: 今は忙しくありません。

（10）A: 今は夜2時です。

B: 今は午後の2時です。

（11）A: 今笑っています。

B: 今怒っています。

（12）A: あのドラマの主人公が好きです。

B: あのドラマの主人公が好きではありません。

（13）A: 分からない問題は質問してもいいです。

B: 分からなくても、自分で解決しなければなりません。

（14）A: 運転には自信がありました。

B: 運転には自信がありませんでした。

（15）A: 田中さんは時間が空いています。

B: 田中さんは時間が空いていません。

（16）A: 今日は順調でした。

B: 今日は順調ではありませんでした。

（17）A: チケットは持っています。

B: チケットは持っていません。

（18）A: 歴史の授業時間が変わったことを、田中さんにお知らせしました。

B: 歴史の授業時間が変わったことを、田中さんにお知らせできていません。

（19）A: 井上さんは真剣に課題を説明しています。

B: 井上さんはどうでもいい話をしています。

（20）A: 一休みしてから、話を続けます。

B: 冷静だから、このまま話を続けます。

第三单元　辨识语义语境

无论学习什么语言，都需要反复推敲语义语境，从而辨识歧义，并且要透过原文词句的表层结构寻找到其间的真正含义。本单元罗列了判断表达、疑问表达、感叹表达等常用表达的相关知识，来帮助学习者更好地掌握日语表达的本意。

第一节　判断表达（肯定 / 否定 / 不确定）

肯定、否定以及不确定是日常对话中经常使用到的表达方式。日语中也经常可以看到用否定句型来表达肯定之意等现象，考试当中也经常出现。所以日语学习者一定要掌握好相关表达的准确含义。

一、常见判断表达

分类	句型	例句
肯定	～が/でいい ～ほうがいい ～にする ～しかない ～ないといけない ～なくちゃ/なきゃ ～では（じゃ）ないか ～ほかならない ～しょうがない	飲み物はコーラが/でいいです。 行く前に電話したほうがいいです。 今日は雪だから電車にしました。 英単語は覚えるしかないです。 明日テストだから、勉強しないといけません。 今すぐ出かけなくちゃ。 約束場所は駅前の本屋じゃないですか。 そんなに叱られたら、ストレスにほかならないです。 別の色もないからしょうがないよ。これにします。
否定	～では（じゃ）なくて ～ないでください ～は要りません あまり/全然/まだ～ ～は大丈夫 ～はもういい ～な ～は（が）ちょっと また今度 違うよ	出張は今週じゃなくて、来週だよ。 廊下で騒がないでください。 追加の費用は要りません。 旅行先はまだ決まってないです。 —お茶はいかがですか。—お茶は大丈夫です。 食べ物はもういいです。 夜9時以降は危ないから、一人で出て行くな。 私も参加したいけど、スケジュールがちょっと… —映画を見に行かない？—また今度ね。 —交差点で右に曲がりますか。—違うよ。
不确定	～かな もしかしたら ～かもしれません ～でしょう	七時に戻って来るかな。 もしかしたら会議の時間が変わるかもしれません。 田中さんは戻って来ないかもしれません。 卒業式には出席するでしょう。

二、语气词

分类	示例
表示肯定、接受、认同	うん、ええ すごい、嬉しい、助かる、素晴らしい いいね、いいよ 分かった、そうだね、確かに
表示否定、怀疑、拒绝	ううん、いや ごめん、うそ、まじか、まさか、やっぱり はあ、へえ、あら、えっ
不确定	ええと、うーん

练习

🎧 听录音，选择与录音意思一致的一项。

（1）A: 部活に参加することをお勧めします。

B: 部活に参加しないことをお勧めします。

（2）A: これから掃除をします。

B: 掃除はもう終わりました。

（3）A: 今日は紅茶を飲みます。

B: 今日はコーヒーを飲みます。

（4）A: 薄い携帯を買います。

B: 厚い携帯を買います。

（5）A: ミカンを食べてほしいです。

B: ミカンを食べないでほしいです。

（6）A: 小さなハサミがほしいです。

B: 大きなハサミがほしいです。

（7）A: 掃除をしてほしいです。

B: 子供を迎えてほしいです。

（8）A: これからもっと勉強します。

B: これから就職します。

（9）A: ピアノ教室の学費はちょっと高いと思います。

B: ピアノ教室の学費は今のままでいいと思います。

（10）A: 合格できる可能性が高いと思います。

B: 合格できない可能性が高いと思います。

第二节 疑问表达（题干/会话内多样化）

扫码听音频

高考听力考试的考核形式是对题干问句做出最优选择。因此，准确掌握各类疑问词的含义及用法是解题基础。

分类	常见疑问词
人物	誰、どなた、どの人/方、どんな人/方、どちら様
时间	いつ、何月、何日、何時、何曜日
地点	どこ、どちら、どっち、どの場所
对象	何、どれ、どの、どんな、どのような、どういう、どちら、どっち
动作	何をしますか、どうしますか、どう思いますか、どうやって/どのように
状态	どうですか、どうなっていますか
原因	なぜ、どうして、なんで、何のために、原因/理由は何ですか
数量	いくら、いくつ、どのぐらい/どれぐらい 何＋各类量词（人/年/か月/時間/冊/匹…）

练习

🎧 1. 听句子，选择合适的答案。

（1）A. 日本語の本です。

　　B. 鈴木さんのです。

　　C. あそこにおいてください。

（2）A. 李さんから借りた本です。

　　B. 弁護士の成功ストーリーです。

　　C. 面白いです。

（3）A. 吉田さんと一緒に帰りました。

　　B. 先週帰りました。

　　C. 来週アメリカへ帰ります。

（4）A. 昨日宿題をしました。

B. すみません、忘れました。

C. 小野さんも出していません。

（5）A. 友達と一緒に見ます。

B. 映画を見る前に、もう食べました。

C. 友達と一緒に食事します。

（6）A. 母が誕生日に買ってくれました。

B. 大体15万ぐらいです。

C. アルバイトで貯めたお金で買いました。

（7）A. さっきまで玄関の机の上にあったよ。

B. それは私の鍵だよ。

C. 新しい鍵だよ。

（8）A. この道をまっすぐ行けば、東京タワーが見えます。

B. かしこまりました。

C. タクシーで15分で十分ですよ。

（9）A. はい、ボールペンで書きました。

B. 【王様】の王に、【勇気】の勇と書きます。

C. きれいな字ですね。

（10）A. 三つ買いました。

B. 3つで千円です。

C. 18歳です。

🎧 **2. 听对话，补充听到的疑问词。**

（1）A. 田中さん、今回のミーティングは＿＿＿＿＿＿＿が司会者ですか。

B. さあ、まだ決まってないみたいですよ。

（2）A. 佐藤さん、昨日の宿題は＿＿＿＿＿＿＿出していないですか。

B. すみません。全然分からなくて。

（3）A. 今回のスピーチ大会は、参加者が＿＿＿＿＿＿＿ですか。

B. そうですね、まだ締め切り前ですが、50人は超えましたよ。

（4）A. 今日は天気がいいね。でも、＿＿＿＿＿＿＿＿になったら自由に出かけられるかな。

　　　B. そうですね。コロナの影響が収まらない限り、しばらくは難しいでしょうね。

（5）A. 今回の展覧会の日付は＿＿＿＿＿＿＿＿に決まったか分かりますか。

　　　B. はい、来月の13日です。場所はまだです。

（6）A. あら、鈴木さん、久しぶりですね。海外での暮しは＿＿＿＿＿＿＿＿。

　　　B. お久しぶりです。生活はだいぶ慣れましたが、英語はやっぱり難しいですね。

（7）A. 今回一週間も休みを取ったので、＿＿＿＿＿＿＿＿かへ行きたいですが、お勧めはありますか。

　　　B. それはよかったね。この季節はやっぱり紅葉でしょう。紅葉がきれいな所であれば、＿＿＿＿＿＿＿＿でもいいんじゃない。

（8）A. 今週末は＿＿＿＿＿＿＿＿。せっかくの三連休ですから、山登りでも行きませんか。

　　　B. ありがたいけど、実家に帰りますので、また今度にしましょう。

（9）A. 先生、今回のテストは＿＿＿＿＿＿＿＿形で行われますか。

　　　B. 今回はプレゼンテーションです。三人組で内容を準備し、一人が代表で発表すればいいです。

（10）A. 素敵な電子辞書ですね。なかなか高級に見えますが、＿＿＿＿＿＿＿＿ですか。

　　　B. ありがとうございます。実は知り合いにプレゼントとしてもらったので、値段はよく分かりません。

🎧 **3. 听会话，选择正确的答案。**

（1）台所は誰が掃除しますか。

　　　A. 男の人

　　　B. 女の人

　　　C. 男のお姉さん

（2）二人は何月に紅葉を見に行きますか。

　　　A. 10月

　　　B. 11月

　　　C. 12月

（3）お二人はどこで会いますか。

　　　A. デパートの入口

　　　B. 2階の本屋の前

　　　C. 2階の携帯売り場の前

（4）女の人は何を注文しましたか。

    A. サンドイッチ

    B. サラダ

    C. コーヒーとパン

（5）女の人はこれからどうしますか。

    A. 薬を飲みます

    B. 牛乳を飲みます

    C. 寝ます

（6）社会のテストはどうでしたか。

    A. 予想通り難しかった

    B. 予想外に難しかった

    C. 予想通り易しかった

（7）男の人はなぜ元気がないですか。

    A. 夕べ、遅くまで勉強したから

    B. 夕べ、遅くまでスポーツ試合を見たから

    C. 風邪を引いたから

（8）女の人のピアノは今のレベルになるまで何年かかりましたか。

    A. 3年

    B. 5年

    C. 6年

第三节　感叹表达（语气助词/感叹词）

　　日语日常对话中，经常用语气词或感叹词的语境表达真实的想法。所以日语学习者一定要掌握好相关表达的准确含义。

语气助词

分类	语气助词	例句
疑问	か	お元気ですか。
	の	どこへ行くの。
	かな/かしら	いつ戻ってくるかな/かしら。
	かい	仕事はうまくいっているかい。
	だい	これなんか、どうだい。
共感	ね/よね	—このケーキ、おいしいですね。 —ですよね。
告知	よ	田中さんはもう帰ったよ。
	わ	雨が降っているわ。傘を持って行って。
感叹、叮嘱、自言自语	ぞ	今日も頑張るぞ。
	なあ	もうこんな時間になったなあ。

练习

🎧 听句子，补充听到的句型。

（1）何年ぶりの家族全員の旅行なので、期待していたのに、急にキャンセルされて、

　　＿＿＿＿＿＿＿＿＿＿。

（2）4時半の飛行機ですので、今はタクシーで空港に向かっても＿＿＿＿＿＿＿＿＿。

（3）妹の小学校卒業式のプレゼントで、辞書は＿＿＿＿＿＿＿＿＿。

（4）今回の受賞式、田中先生も＿＿＿＿＿＿＿＿＿。

（5）お兄さんの結婚式で、有名な歌手が歌って＿＿＿＿＿＿＿＿＿。楽しみだね。

（6）運動会は室内で行うことに決まったから、雨具の用意は＿＿＿＿＿＿＿＿＿。

（7）ほら、もう6時過ぎたから＿＿＿＿＿＿＿＿＿＿。

（8）学校生活は＿＿＿＿＿＿＿＿＿＿。仲のいい友達はできたのか？

（9）あれ、教室に明かりがついているけど、まだ誰か残っているの＿＿＿＿＿＿＿＿＿＿。

（10）それって何。店の新しいメニューなのか。＿＿＿＿＿＿＿＿＿＿。

第二部分
考点把握篇

第一单元 常考词汇考点

词汇是外语学习的基础和素材。本单元分模块整理了常考单词及练习，方便学习者根据类别快速掌握。

第一节 数字类

扫码听音频

数字类的表达是必考内容。因日语中数字与其他词汇组合时还会产生音便问题，也会对听取的关键信息的准确性产生干扰。所以日语学习者一定要认真练习，掌握好这部分内容。

【基础知识】

	一	二	三	四	五	六	七	八	九	十
数字	いち	に	さん	し/よん	ご	ろく	しち/なな	はち	く/きゅう	じゅう
～つ	ひとつ	ふたつ	みっつ	よっつ	いつつ	むっつ	ななつ	やっつ	ここのつ	とお
～り	ひとり	ふたり	さんにん	よにん	ごにん	ろくにん	しち/ななにん	はちにん	きゅうにん	じゅうにん
～百	ひゃく	にひゃく	さんびゃく	よんひゃく	ごひゃく	ろっぴゃく	ななひゃく	はっぴゃく	きゅうひゃく	
～千	せん	にせん	さんぜん	よんせん	ごせん	ろくせん	ななせん	はっせん	きゅうせん	
数量词运用例	でんわいっかい（電話一回）	ともだちふたり（友達二人）	さんさいのこども（三歳の子供）	デパートのよんかい（四階）	ごばんめのもんだい（五番目の問題）	パソコンろくだい（パソコン六台）	シャツななまい（シャツ七枚）	ざっしはっさつ（雑誌八冊）	たまごきゅうこ（卵九個）	かさじゅっぽん（傘十本）

数词与量词的详细搭配，请参见附录。附录包含以下内容：

～人	～個	～歳	～冊	～回	～階	～台	～枚	～番
～杯	～本	～匹	～頭	～羽	～足	～着	～通	～キロ

练习

🎧 **1. 听句子，选择与录音一致的内容。**

（1）A. 四つ　　　　　　　　　　B. 八つ

（2）A. 三百　　　　　　　　　　B. 四百

（3）A. 3600円　　　　　　　　　B. 3800円

（4）A. 三通　　　　　　　　　　B. 何通

（5）A. 三本　　　　　　　　　　B. 四本

（6）A. 六杯目　　　　　　　　　B. 八杯目

（7）A. 一個　　　　　　　　　　B. 十個

（8）A. 七階　　　　　　　　　　B. 九階

（9）A. 十人　　　　　　　　　　B. 九人

（10）A. 三匹　　　　　　　　　　B. 四匹

🎧 **2. 听句子，在横线上填写假名，括号内填写汉字。**

（1）スーパーでバナナ＿＿＿＿＿＿（　　　　　　　　）とレモン＿＿＿＿＿＿（　　　　　　　　）
　　買いました。

（2）この建物の＿＿＿＿＿＿（　　　　　　　）から＿＿＿＿＿＿（　　　　　　　）まで、
　　全部日中商事の事務所です。

（3）お姉さんの所から靴＿＿＿＿＿＿（　　　　　　　　）とシャツ＿＿＿＿＿＿
　　（　　　　　　　　）をもらってきました。

（4）私はアイフォン＿＿＿＿＿＿（　　　　　　　　）を持っていますが、今回お金を貯めて
　　アイパッドも＿＿＿＿＿＿（　　　　　　　　）を買おうと思います。

（5）朝ご飯はいつも卵＿＿＿＿＿＿（　　　　　　　　）とラテ＿＿＿＿＿＿（　　　　　　　　）
　　にしています。

（6）田舎に住んでいるおじいさんは牛＿＿＿＿＿＿（　　　　　　　　）と鶏＿＿＿＿＿＿
　　（　　　　　　　　）以上を飼っているので、毎日が忙しくて充実しています。

（7）兄は本を読むのが大好きで、今週は雑誌＿＿＿＿＿＿（　　　　　　　　）以外に小説
　　＿＿＿＿＿＿（　　　　　　　　）の半分以上を読んでいました。

（8）あのロックグループは、男性＿＿＿＿＿＿（　　　　　　　　）と女性＿＿＿＿＿＿
　　（　　　　　　　　）で、三人メンバーです。

（9）お待たせしました。こちらはご注文のオレンジジュース＿＿＿＿＿＿（　　　　　　　　）
　　とウーロン茶＿＿＿＿＿＿（　　　　　　　　）でございます。

（10）今回の試験は、＿＿＿＿＿＿（　　　　　　　　　）の選択問題と＿＿＿＿＿＿

　　　（　　　　　　　　　）の解読問題以外は、全部正しかったです。

🎧 3. 听句子，判断对错。

（1）（　　　　　）冷蔵庫の中にビールが二本あります。

（2）（　　　　　）牛乳は後一個残っています。

（3）（　　　　　）私はトマト三個を買いました。

（4）（　　　　　）姉は手紙一通をもらいました。

（5）（　　　　　）私と田中さんは何回か会いました。

扫码听音频

第二节 时间类

时间类的表达也是必考内容。时间表述有相应的规则，但也有需要特殊记忆的内容。学习者要熟练掌握，争取做到一次性听懂并能够熟练运用。

【基础知识】

时刻

	一～	二～	三～	四～	五～	六～	七～	八～	九～	十～	十一～	十二～
時	いちじ	にじ	さんじ	よじ	ごじ	ろくじ	しちじ	はちじ	くじ	じゅうじ	じゅういちじ	じゅうにじ
分	いっぷん	にふん	さんぷん	よんぷん	ごふん	ろっぷん	ななふん	はっぷん	きゅうふん	じゅっぷん	じゅういっぷん	じゅうにふん

～前（まえ）：4時10分前（3:50）

後（あと）～：今4時、後5分始めます（4:05）

後（ご）：今4時、10分後始めます（4:10）

～過ぎ：今4時5分過ぎです（4:05）

星期

星期一	星期二	星期三	星期四	星期五	星期六	星期日
げつようび（月曜日）	かようび（火曜日）	すいようび（水曜日）	もくようび（木曜日）	きんようび（金曜日）	どようび（土曜日）	にちようび（日曜日）

日

一日	二日	三日	四日	五日	六日	七日	八日	九日	十日
ついたち	ふつか	みっか	よっか	いつか	むいか	なのか	ようか	ここのか	とおか

泊

一泊	二泊	三泊	四泊	五泊	六泊	七泊	八泊	九泊	十泊
いっぱく	にはく	さんぱく	よんはく	ごはく	ろっぱく	ななはく	はっぱく	きゅうはく	じゅっぱく

天

一日間	二日間	三日間	四日間	五日間	六日間	七日間	八日間	九日間	十日間
いちにちかん	ふつかかん	みっかかん	よっかかん	いつかかん	むいかかん	なのかかん	ようかかん	ここのかかん	とおかかん

个月

一か月	二か月	三か月	四か月	五か月	六か月	七か月	八か月	九か月	十か月
いっかげつ	にかげつ	さんかげつ	よんかげつ	ごかげつ	ろっかげつ	ななかげつ	はち/はっかげつ	きゅうかげつ	じゅっかげつ

年月周日

～年	～月	～週	～日
おととし（一昨年）	せんせんげつ（先々月）	せんせんしゅう（先々週）	おととい（一昨日）
きょねん（去年）	せんげつ（先月）	せんしゅう（先週）	きのう（昨日）
ことし（今年）	こんげつ（今月）	こんしゅう（今週）	きょう（今日）
らいねん（来年）	らいげつ（来月）	らいしゅう（来週）	あした（明日）
さらいねん（再来年）	さらいげつ（再来月）	さらいしゅう（再来週）	あさって（明後日）
まいとし（毎年）	まいつき（毎月）	まいしゅう（毎週）	まいにち（毎日）

其他

あさ（朝）	ごぜん（午前）	ひる（昼）	ごご（午後）	よる（夜）	よなか（夜中）
ゆうべ（夕べ）	けさ（今朝）	こんばん（今晩）	てつや（徹夜）	なつやすみ（夏休み）	ふゆやすみ（冬休み）
へいじつ（平日）	しゅうまつ（週末）	しゅくじつ（祝日）	ていきゅうび（定休日）	しゅうじつ（終日）	かくじつ（隔日）
きんじつ（近日）	せんじつ（先日）	ぜんじつ（前日）	とうじつ（当日）	よくじつ（翌日）	ごじつ（後日）
すうじつまえ（数日前）	ここすうじつ（ここ数日）	こんど（今度）	いちにちじゅう（一日中）	はんにち（半日）	じだい（時代）

时间表述的详细搭配请参见附录。附录包含以下内容：

～年	～月	～年間	～週間	～時間

練习

🎧1. 听句子，选择与录音一致的内容。

（1）A. 一月 　　　　　　　　　B. 七月

（2）A. 来月 　　　　　　　　　B. 再来月

（3）A. 八日 　　　　　　　　　B. 二十日

（4）A. 3時10分前 　　　　　　　B. 3時10分まで

（5）A. 9時15分まで 　　　　　　B. 9時15分前

🎧2. 听句子，在横线上填写假名，括号内填写汉字。

（1）_____（　　　　　　　　　）から_____（　　　　　　　　　）まで大阪に出張します。

（2）_____（　　　　　　　　　）から_____（　　　　　　　　　）までが夏休みです。

（3）新番アニメは_____（　　　　　　　　　）から_____（　　　　　　　　　）までです。

（4）十分な睡眠は大事ですから、毎日_____（　　　　　　　　　）か_____
（　　　　　　　　　）寝れるように頑張っています。

（5）日本語能力試験を受けたいので、_____（　　　　　　　　　）と_____
（　　　　　　　　　）はずっと図書館で勉強する予定です。

（6）眠くて授業に全然集中できません。_____（　　　　　　　　　）ワールドカップを
見るために_____（　　　　　　　　　）しましたから。

🎧3. 听句子，判断对错。

（1）（　　　　　）母は今朝ジョギングをしました。

（2）（　　　　　）今日は休みです。

（3）（　　　　　）今週の金曜日にレポートを出してもいいです。

（4）（　　　　　）大阪到着は10時以降です。

（5）（　　　　　）集合時間は3時10分です。

🎧4. 听录音，选择正确的时间。

（1）A. 10時15分前から入場できます。　　B. 10時15分から入場できます。

（2）A. 0:20 　　　　　　　　　　　　　B. 12:20

（3）A. 4時50分出発。　　　　　　　　B. 5時10分出発。

（4）A. 会議時間は7時です。　　　　　B. 会議時間は7時30分です。

（5）A. 約束時間は4時です。　　　　　B. 約束時間は4時半です。

第三节　自然类

扫码听音频

　　天气和季节类是常考题型。涉及到的单词并不多，考生只要掌握基础知识，并结合相关特征就可选出正确的答案。

一、天气

【基础知识】

てんき（天気）	はれ（晴れ）	あめ（雨）	かぜ（風）
てんきよほう（天気予報）	くもり（曇り）	おおあめ（大雨）	おおかぜ（大風）
おんど（温度）	あおぞら（青空）	つゆ（梅雨）	たいふう（台風）
きおん（気温）	つき（月）	かみなり（雷）	じしん（地震）
れいか（零下）	ほし（星）	にじ（虹）	なみ（波）

二、季节

【基础知识】

分类	相关单词	
はる（春）	あたたかい（暖かい）	はなみ（花見）
	さくら（桜）	さく（咲く）
なつ（夏）	あつい（暑い）	むしあつい（蒸し暑い）
	はなびたいかい（花火大会）	すいか（西瓜）
あき（秋）	すずしい（涼しい）	もみじ（紅葉）
ふゆ（冬）	さむい（寒い）	ゆき（雪）
	おおゆき（大雪）	ゆきだるま（雪だるま）
其他	ながめ（眺め）	けしき（景色）

练习

🎧**1. 听句子，在横线上填写假名，括号内填写汉字。**

（1）昨日までは＿＿＿＿＿＿（　　　　　　　　）でしたが、今日は＿＿＿＿＿＿
（　　　　　　　　）です。

（2）午後から＿＿＿＿＿＿（　　　　　　　　）がだんだん強くなり、夜になって＿＿＿＿＿＿
（　　　　　　　　）に変わりました。

（3）＿＿＿＿＿＿（　　　　　　　　）によりますと、明日から一週間はずっと＿＿＿＿＿＿
（　　　　　　　　）のままということです。

（4）もう四月なのに、まったく＿＿＿＿＿＿（　　　　　　　　）らしくないですね。
＿＿＿＿＿＿（　　　　　　　　）も全然上がらないし。

（5）私はやっぱり＿＿＿＿＿＿（　　　　　　　　）の温泉が好きです。暖かい温泉で
＿＿＿＿＿＿（　　　　　　　　）を見ていると、とても気持ちがよくなります。

（6）私は小さい時に＿＿＿＿＿＿（　　　　　　　　）に遭ったことがありますので、今後は
＿＿＿＿＿＿（　　　　　　　　）が少ない地域に住みたいです。

（7）天気予報によると今夜から＿＿＿＿＿＿（　　　　　　　　）があるそうです。海辺は
＿＿＿＿＿＿（　　　　　　　　）が高くなりますので、絶対行ってはいけません。

（8）さっきまで雷が伴う＿＿＿＿＿＿（　　　　　　　　）でしたが、今はまるで何もなかっ
たような＿＿＿＿＿＿（　　　　　　　　）です。

（9）今年の＿＿＿＿＿＿（　　　　　　　　）は去年と比べてだいぶ快適です。去年は本当に
＿＿＿＿＿＿（　　　　　　　　）日々が続いていましたね。

（10）京都はどの季節も素晴らしい＿＿＿＿＿＿（　　　　　　　　）です。でも、私はやっ
ぱり＿＿＿＿＿＿（　　　　　　　　）がいちばん好きですから、秋によく京都へ行き
ます。

🎧**2. 听句子，判断对错。**

（1）（　　　　）今、雨が降っていますから、傘を持って行ったほうがいいです。

（2）（　　　　）もう晴れましたから、散歩に行けます。

（3）（　　　　）雪が降っているから、外は寒いです。

（4）（　　　　）明日は浴衣を着ます。

（5）（　　　　）昨日は雨が降っていませんでした。

🎧 **3. 听会话，选择正确的一项。**

（1）A. 今は春です。

B. 今は夏です。

C. 今は冬です。

（2）A. 台風

B. 地震

C. 雷

（3）A. 今は春です。

B. 今は夏です。

C. 今は冬です。

（4）A. 今は夏です。

B. 今は秋です。

C. 今は冬です。

（5）A. 今は夏です。

B. 今は秋です。

C. 今は冬です。

第四节　场所类

扫码听音频

　　地名、方位和场所类的表达贴近日常生活内容，是高频考题。通过专项练习，积累单词量，可在考试中准确听取关键信息。

一、地名

【基础知识】

日本以及中国城市			日本街区
とうきょう（東京）	こうべ（神戸）	ほっかいどう（北海道）	いけぶくろ（池袋）
おおさか（大阪）	ひろしま（広島）	さっぽろ（札幌）	しんじゅく（新宿）
きょうと（京都）	ながさき（長崎）	なら（奈良）	あきはばら（秋葉原）
よこはま（横浜）	ふくおか（福岡）	シャンハイ（上海）	しぶや（渋谷）
なごや（名古屋）	おきなわ（沖縄）	ペキン（北京）	ぎんざ（銀座）

其他国家和地区				
ヨーロッパ	アメリカ	フランス	イギリス	シンガポール
アジア	カナダ	イタリア	スペイン	オーストラリア
アフリカ	ドイツ	ロシア	インド	かんこく（韓国）

二、方位

【基础知识】

うえ（上）	うしろ（後ろ）	そと（外）	ひだり（左）	みぎ（右）	まわり（周り）	ひがし（東）
した（下）	なか（中）	あいだ（間）	むこう（向こう）	ちかく（近く）	このあたり（この辺り）	にし（西）
ました（真下）	まんなか（真ん中）	となり（隣）	むかい（向かい）	とおく（遠く）	しゅうへん（周辺）	みなみ（南）
まえ（前）	そば	よこ（横）	はんたいがわ（反対側）	かど（角）	まっすぐ	きた（北）

三、常用场所

【基础知识】

校园学习相关场所：

がっこう （学校）	しょうがっこう （小学校）	ちゅうがっこう （中学校）	こうこう （高校）	だいがく （大学）	ろうか （廊下）
としょかん （図書館）	しょくどう （食堂）	たいいくかん （体育館）	うんどうじょう （運動場）	きょうしつ （教室）	トイレ

工作相关场所：

かいしゃ（会社）	こうじょう（工場）	かいぎしつ（会議室）	じむしょ（事務所）

居家日常相关场所：

いえ（家）	へや（部屋）	だいどころ（台所）	げんかん（玄関）
おてあらい（お手洗い）	にわ（庭）	マンション	アパート

消费购物类场所：

みせ （店）	しょうてんがい （商店街）	ほんや （本屋）	はなや （花屋）	やおや （八百屋）
うりば （売り場）	びよういん （美容院）	デパート	コンビニ	スーパー

交通出行类场所：

くうこう（空港）	えき（駅）	えきまえ（駅前）	こうさてん（交差点）
ばすてい（バス停）	ちゅうしゃじょう（駐車場）	りょかん（旅館）	ホテル

文化游乐类场所：

えいがかん （映画館）	びじゅつかん （美術館）	こうえん （公園）	どうぶつえん （動物園）	ゆうえんち （遊園地）

饮食类场所：

きっさてん（喫茶店）	いざかや（居酒屋）	りょうりや（料理屋）	レストラン

公共设施类场所:

びょういん（病院）	ぎんこう（銀行）	ゆうびんきょく（郵便局）	センター

其他场所:

ばしょ（場所）	やま（山）	うみ（海）	まち（町）
いなか（田舎）	こきょう（故郷）	こうがい（郊外）	きんこう（近郊）

练习

🎧 **1. 听句子，在横线上填写假名，括号内填写汉字。**

（1）私の会社は＿＿＿＿＿（　　　　　　　　）と＿＿＿＿＿（　　　　　　　　）に工場がありますので、よく出張します。

（2）海外旅行ができるとしたら、やっぱり＿＿＿＿＿の国ではなく、＿＿＿＿＿へ行きたいです。

（3）兄は今留学を考えていますが、＿＿＿＿＿へ行くか、＿＿＿＿＿へ行くか悩んでいます。

（4）昼ご飯はいつも＿＿＿＿＿（　　　　　）の＿＿＿＿＿（　　　　　　　　）で食べています。

（5）今日新しくオープンした＿＿＿＿＿（　　　　　　　　）を見つけました。よく行っている＿＿＿＿＿（　　　　　　　　）のすぐ隣にありますので、とても便利です。

（6）今日は雨ですので、スポーツの授業は＿＿＿＿＿（　　　　　　　　）ではなく、室内の＿＿＿＿＿（　　　　　）で行います。

（7）夏と言えば、私はやっぱり＿＿＿＿＿（　　　　　　　　）へ行きたくなります。でも、暑いからむしろ＿＿＿＿＿（　　　　　　　　）へ行きたがる方もいらっしゃいますね。

（8）忘年会の場所は＿＿＿＿＿（　　　　　　　　）にしたかったですが、予約が取れなくて、結局は＿＿＿＿＿に決まりました。

（9）父は＿＿＿＿＿（　　　　　）の近郊で小さな＿＿＿＿＿（　　　　　　　　）を運営しています。

（10）今日は＿＿＿＿＿（　　　　　　　　）へ行って買い物したかったですが、子供がパンダが見たいと言いましたので、結局は＿＿＿＿＿（　　　　　　　　）へ行きました。

🎧**2. 听句子，判断对错。**

（1）（　　　　）今日、本屋で鈴木さんに会いました。

（2）（　　　　）今日、郵便局の隣の喫茶店でコーヒーを飲みました。

（3）（　　　　）光デパートの3階にレストランがあります。

（4）（　　　　）私の古里は今は有名です。

（5）（　　　　）ゴミを駐車場にあるゴミ箱に捨てました。

扫码听音频

第五节　物品类

　　此部分涉及常用物品及其特征单词，得分关键是单词量。必须通过练习，提高词汇量，保证关键单词要一次性听取并运用到解题当中。

一、交通工具

【基础知识】

くるま （車）	でんしゃ （電車）	じてんしゃ （自転車）	じどうしゃ （自動車）	しんかんせん （新幹線）	ちかてつ （地下鉄）
ひこうき （飛行機）	ふね （船）	バス	タクシー	フェリー	オートバイ

二、颜色

【基础知识】

名词：

しろ（白）	くろ（黒）	あお（青）	きいろ（黄色）	あか（赤）
みどり（緑）	むらさき（紫）	はいいろ（灰色）	ちゃいろ（茶色）	ピンク

形容词：

しろい（白い）	くろい（黒い）	あおい（青い）	きいろい（黄色い）	あかい（赤い）

三、食物

【基础知识】

常用单词：

たべもの （食べ物）	りょうり （料理）	あさごはん （朝ご飯）	ひるごはん （昼ご飯）	ばんごはん （晩ご飯）	ゆうしょく （夕食）

鱼肉蛋谷物：

さかな （魚）	にく （肉）	ぎゅうにく （牛肉）	ぶたにく （豚肉）	とりにく （鶏肉）	たまご （卵）	こめ （米）

常见菜单：

おべんとう （お弁当）	てんぷら （天ぷら）	さしみ （刺身）	すし （寿司）	みそしる （味噌汁）	そば （蕎麦）
なっとう （納豆）	なべりょうり （鍋料理）	うどん	ラーメン	ギョーザ	チャーハン
サンドイッチ	カレーライス	ステーキ	ハンバーグ	ハンバーガー	スープ

蔬菜：

やさい（野菜）	だいこん（大根）	にんじん（人参）	かぼちゃ	ジャガイモ	なす
キノコ	きゅうり	にんにく	トマト	キャベツ	サラダ

水果：

くだもの（果物）	ぶどう（葡萄）	なし（梨）	バナナ	イチゴ
リンゴ	オレンジ	レモン	みかん	すいか

饮料：

のみもの （飲み物）	みず （水）	おゆ （お湯）	ぎゅうにゅう （牛乳）	おさけ （お酒）	にほんしゅ （日本酒）
おちゃ （お茶）	こうちゃ （紅茶）	りょくちゃ （緑茶）	むぎちゃ （麦茶）	まっちゃ （抹茶）	コーヒー
コーラ	ミルク	ジュース	ビール	ワイン	ウイスキー

甜点：

おかし（お菓子）	あめ（飴）	さとう（砂糖）	パン	ケーキ
デザート	プリン	クッキー	アイスクリーム	チーズ

烹饪方法：

やく（焼く）	にる（煮る）	いためる（炒める）	あげる（揚げる）	むす（蒸す）	ゆでる（茹でる）

其他：

しょっき（食器）	おさら（お皿）	ちゃわん（茶碗）	はし（箸）
スプーン	ナイフ	フォーク	メニュー

🎧 **1. 听句子，在横线上填写假名，括号内填写汉字。**

（1）明日は名古屋へ出張しますが、＿＿＿＿＿＿（　　　　　　　　）ではちょっと疲れそうなので、＿＿＿＿＿＿（　　　　　　　　）で行くことにしました。

（2）新しく探したアルバイト先は＿＿＿＿＿＿（　　　　　　　　）では無理な距離でしたので、このチャンスに思い切って＿＿＿＿＿＿を買いました。

（3）会社まで＿＿＿＿＿＿と＿＿＿＿＿＿（　　　　　　　　）のどちらでも行けますが、バスは乗り換えが必要ですから、めったに乗らないですね。

（4）この前、友達は上海から長崎まで＿＿＿＿＿＿で行きましたが、＿＿＿＿＿＿（　　　　　　　　）よりもお勧めだと言っていました。

（5）去年買った＿＿＿＿＿＿（　　　　　　　　）のマフラーはどう探しても見当たらないです。かわりに、何年か前に母からもらった＿＿＿＿＿＿のマフラーを探し出しました。

（6）最近の若者は歩く時も携帯に夢中で、横断歩道の信号が＿＿＿＿＿＿（　　　　　　　　）から＿＿＿＿＿＿（　　　　　　　　）に変わっても気づかないですね。

（7）小さい頃は＿＿＿＿＿＿が大好きでしたが、年を取るにつれて＿＿＿＿＿＿（　　　　　　　　）など地味な色を好むようになりました。

（8）朝ご飯はいつも＿＿＿＿＿＿と＿＿＿＿＿＿にしています。

（9）父はお酒が好きで、＿＿＿＿＿＿（　　　　　　　　）や＿＿＿＿＿＿など、種類と関係なく、飲んでいます。

（10）冷蔵庫の中にあった＿＿＿＿＿＿と＿＿＿＿＿＿は誰が食べたの。

（11）弟は＿＿＿＿＿＿が大好きで、最近は＿＿＿＿＿＿にまでつけて食べています。

（12）夕食で＿＿＿＿＿＿（　　　　　　　　）をいっぱい食べせいかお腹の調子が悪くなったんですが、暖かい＿＿＿＿＿＿（　　　　　　　　）を飲んだら、だいぶ楽になりました。

（13）おばさんはどんな料理も上手ですが、私は＿＿＿＿＿＿（　　　　　　　　）と＿＿＿＿＿＿の煮物がいちばん好きですので、よく作ってもらっています。

（14）妹は＿＿＿＿＿（　　　　　　　　　）は嫌いですが、＿＿＿＿＿（　　　　　　　　　）
　　　はあるだけ食べます。

（15）最近はダイエットしていますから、＿＿＿＿＿（　　　　　　　　　）もできるだけカ
　　　ロリーが低い物にするか、あるいは＿＿＿＿＿を食べます。

🎧 **2. 听句子，判断对错。**

（1）（　　　　）兄はスポーツカーを持っています。

（2）（　　　　）電車で会社に行ったので、遅刻しました。

（3）（　　　　）海外へは一回行きました。

（4）（　　　　）黒のシャツはソファーの上にあります。

（5）（　　　　）赤財布は自分用です。

（6）（　　　　）納豆はいちばん好きな日本の食べ物です。

（7）（　　　　）野菜は嫌いですが、人参とキノコは食べます。

（8）（　　　　）リンゴ三つでジュースが一杯作れました。

（9）（　　　　）カレーは食べたいですが、ラーメンは食べたくないです。

（10）（　　　　）朝ごはんを食べてからすぐ昼ごはんを食べます。

🎧 **3. 听会话，选择正确的一项。**

（1）A. おにぎりの準備　　　B. 飲み物の準備　　　C. 飲み物とお菓子の準備

（2）A. 黒くて四角い時計　　B. 白くて丸い時計　　C. 黒くて丸い時計

（3）A. 自転車＋登山　　　　B. 車＋登山　　　　　C. 電車＋登山

扫码听音频

第六节　人文类

此部分内容在历年高考中也多次出现。只要听取到关键词汇，可根据前后文推理出准确答案。

一、科目

【基础知识】

通用科目类：

こくご（国語）	すうがく（数学）	しゃかい（社会）	れきし（歴史）
ぶつり（物理）	かがく（化学）	たいいく（体育）	びじゅつ（美術）

大学专业类：

けいざい（経済）	いがく（医学）	ほうりつ（法律）	ぶんがく（文学）

其他：

さんすう（算数）	かいわ（会話）	さくぶん（作文）	けいご（敬語）

二、语言

【基础知识】

にほんご（日本語）	えいご（英語）	かんこくご（韓国語）	スペイン語
ドイツ語	フランス語	イタリア語	ロシア語

练习

🎧1. 听句子，在横线上填写假名，括号内填写汉字。

（1）今回のテストですが、_____（　　　　　　　　）は何とか合格できそうですが、

_____（　　　　　　　　）はまったく分からなかったです。

（2）大学の専門は、_____（　　　　　　）と_____（　　　　　　　　）の二

つの中で決めるように、と父に言われました。

（3）_____（　　　　　　　　　）の勉強は難しいです。_____（　　　　　　　　）
はゆっくり考えながら書けますが、英会話はどうしても苦手です。

（4）私は_____（　　　　　　　　　）を何年間も勉強しましたが、_____
（　　　　　　　）は本当に難しくて、最近からなんとか使えるようになりました。

（5）大学で_____と_____の授業を受けてみましたが、どちらも入門ができ
ないまま終わってしまいました。

🎧 **2. 听句子，判断对错。**

（1）（　　　　　）物理のテストは午後2時から4時までです。

（2）（　　　　　）英語で挨拶ができます。

（3）（　　　　　）イタリアへ行ったことがあります。

（4）（　　　　　）今日は国語の授業を受けます。

（5）（　　　　　）今日は体育の授業を受けていません。

第七节　人物类

这一部分涉及人物关系、身份、职业等内容。要掌握相关词汇，提取关键信息，排除干扰项，选出正确答案。

一、家族成员

【基础知识】

そふ（祖父）	おじいさん（お爺さん）	おじ	おじさん
そぼ（祖母）	おばあさん（お婆さん）	おば	おばさん
ちち（父）	おとうさん（お父さん）	むすこ（息子）	むすこさん（息子さん）
はは（母）	おかあさん（お母さん）	むすめ（娘）	むすめさん（娘さん）
あに（兄）	おにいさん（お兄さん）	おや（親）	りょうしん（両親）
あね（姉）	おねえさん（お姉さん）	こども（子供）	ふうふ（夫婦）
おとうと（弟）	おとうとさん（弟さん）	しまい（姉妹）	きょうだい（兄弟）
いもうと（妹）	いもうとさん（妹さん）	かぞく（家族）	—

二、身份

【基础知识】

校园关系类：

がくせい（学生）	せいと（生徒）	せんせい（先生）	しょうがくせい（小学生）	ちゅうがくせい（中学生）
こうこうせい（高校生）	だいがくせい（大学生）	りゅうがくせい（留学生）	ともだち（友達）	クラスメート

工作关系类：

しゃちょう（社長）	ぶちょう（部長）	かちょう（課長）	てんちょう（店長）	てんいん（店員）
しゃいん（社員）	ぶか（部下）	せんぱい（先輩）	こうはい（後輩）	どうりょう（同僚）

其他：

おんなのこ （女の子）	おとこのこ （男の子）	じょせい （女性）	だんせい （男性）
おとな （大人）	あかちゃん （赤ちゃん）	しゃかいじん （社会人）	おきゃくさま （お客様）

三、职业

【基础知识】

～師		～員	
きょうし（教師）	びようし（美容師）	かいしゃいん（会社員）	ぎんこういん（銀行員）
～手		こうむいん（公務員）	けいびいん（警備員）
かしゅ（歌手）	うんてんしゅ（運転手）	～さん	
せんしゅ（選手）	じょしゅ（助手）	パンやさん（パン屋さん）	にくやさん（肉屋さん）
～士		やおやさん（八百屋さん）	さかなやさん（魚屋さん）
べんごし（弁護士）	かんごし（看護士）	～官	
～家		けいさつかん（警察官）	がいこうかん（外交官）
さっか（作家）	がか（画家）	其他	
おんがくか（音樂家）	のうか（農家）	じゅうい（獣医）	つうやく（通訳）
～者		はいゆう（俳優）	かんとく（監督）
きしゃ（記者）	いしゃ（医者）	デザイナー	ジャーナリスト
～マン		パイロット	シェフ
サラリーマン	カメラマン	モデル	アナウンサー

练习

🎧**1. 听句子，在横线上填写假名，括号内填写汉字。**

（1）母は小さいごろは＿＿＿＿＿（　　　　　　　　　）が夢でしたが、今は＿＿＿＿＿

（　　　　　　　　　）になっています。

（2）明日は息子の＿＿＿＿＿（　　　　　　　　　）が遊びに来る予定です。どうもアメリカか

らきた＿＿＿＿＿（　　　　　　　　　）らしいですから、ハンバーガーを作る予定です。

（3）ディズニーのアニメは、＿＿＿＿＿＿（　　　　　　　　　）にも＿＿＿＿＿＿

（　　　　　　　　）にも大人気で、家族で一緒に楽しめます。

（4）私は三人＿＿＿＿＿＿（　　　　　　　　　）で、弟は二人とも＿＿＿＿＿＿（　　　　　　　　　）

です。

（5）今日は高校時代の＿＿＿＿＿＿（　　　　　　　　　）の吉田さんに会いました。去年

＿＿＿＿＿＿（　　　　　　　　　）と結婚して、赤ちゃんも生まれたそうです。

（6）今日タクシーに乗った時に＿＿＿＿＿＿（　　　　　　　　　）さんから有名な

＿＿＿＿＿＿（　　　　　　　　　）の噂など、いろいろなおもしろい話を聞きました。

（7）今はペットを飼っている人がだんだん多くなってきたので、＿＿＿＿＿＿

（　　　　　　　　）も人気な＿＿＿＿＿＿（　　　　　　　　　）になりました。

（8）近所に＿＿＿＿＿＿（　　　　　　　　　）が住んでいますが、以前は＿＿＿＿＿＿

（　　　　　　　　）だったらしいです。今日は出版したばかりの小説をプレゼントして

もらいました。

（9）大学時代にお世話になった＿＿＿＿＿＿（　　　　　　　　　）がいて、おかげ様で楽しい

大学生活が過ごせました。だから、自分の＿＿＿＿＿＿（　　　　　　　　　）に対しても

何かあったらできるだけ助けてあげたいと思っていました。

（10）父は会社で＿＿＿＿＿＿（　　　　　　　　　）から＿＿＿＿＿＿（　　　　　　　　　）に昇

進しましたので、家族でお祝いのパーティをします。

🎧 2.听句子，判断对错。

（1）（　　　　）映画監督はハンサムな人です。

（2）（　　　　）警備員は知らない人を止めます。

（3）（　　　　）男子学生と女子学生が一緒に掃除します。

（4）（　　　　）パン屋はもう5年間も営業しました。

（5）（　　　　）論文を時間どおりに提出しました。

扫码听音频

第八节 指代类

指代类不局限于听力，涉及高考日语的所有题型。要准确听出こ、そ、あ、ど相关单词，并根据前后文，理解其含义，运用到解题技巧中。

分类	近称	中称	远称	不定称
指示代词	これ	それ	あれ	どれ
	ここ	そこ	あそこ	どこ
	こちら こっち	そちら そっち	あちら あっち	どちら どっち
连体词	この	その	あの	どの
	こんな	そんな	あんな	どんな
副词	こう	そう	ああ	どう
	これほど	それほど	あれほど	どれほど
	こんなに	そんなに	あんなに	どんなに
	このように	そのように	あのように	どのように

练习

🎧 **1. 听句子，补充横线内单词。**

（1）ひろし、トイレの掃除はしなくてもいいよ。後で私がするから。＿＿＿＿＿＿テストの成績はどうだった。

（2）おばさん、食べ物は＿＿＿＿＿＿要らないよ。一人暮しだし、昼ご飯と晩ご飯は全部大学の食堂で済ませているんだ。

（3）カンニングなんて、＿＿＿＿＿＿事はしませんよ。だって、別に成績が悪くても気にしてませんから。

（4）もしもし、吉田です。頼まれた写真集が出来上がりました。今メールで＿＿＿＿＿＿に送りましたので、ご確認お願いしますね。

（5）あのう、さっきからずっと＿＿＿＿＿＿を取ってくれと言っているけど、一体＿＿＿＿＿＿のこと？

（6）この二本の映画は＿＿＿＿＿＿も大好きですから、なかなか選べません。

（7）ねね、みて。このおもちゃは足を_____曲げると、かわいい声を出すのよ。

（8）もしもし、ゆうちゃん。どうしたの。_____早い時間に電話するなんて。今、朝五時だよ。

（9）鈴木さん、_____の銀行の隣にあるオフィスは何をする所なのか分かりますか。ずいぶんおしゃれなインテリアですね。

（10）この店はブランドショップだから、_____を選んでも高い値段だよ。

🎧 **2. 听句子，判断对错**。

（1）（　　　　　）コンサートは二時間後に始まります。

（2）（　　　　　）この茶碗は高い物には見えません。

（3）（　　　　　）東京は前に行ったことがあります。

（4）（　　　　　）おじいさんは一週間後に家へ帰ります。

（5）（　　　　　）先生の言い方に賛成です。

第九节　形容词

　　形容词作为描述事物的性质和状态的词汇，贯穿整个日语，当然也是听力中的重要部分。此部分筛选了使用频率高的形容词，可经过反复练习，积累单词量。

形容词

【基础知识】

形状	おおきい（大きい）	ちいさい（小さい）	ながい（長い）	みじかい（短い）
	たかい（高い）	ひくい（低い）	まるい（丸い）	しかくい（四角い）
	あつい（厚い）	うすい（薄い）	ふとい（太い）	ほそい（細い）
状态	おおい（多い）	すくない（少ない）	とおい（遠い）	ちかい（近い）
	はやい（早い）	おそい（遅い）	ひろい（広い）	せまい（狭い）
	つよい（強い）	よわい（弱い）	ふるい（古い）	あたらしい（新しい）
	かるい（軽い）	おもい（重い）	やさしい（易しい）	むずかしい（難しい）
	きれい（綺麗）	きたない（汚い）	あぶない（危ない）	ぶじ（無事）
	いそがしい（忙しい）	ひま（暇）	げんき（元気）	めずらしい（珍しい）
	じょうず（上手）	へた（下手）	ぜいたく（贅沢）	すばらしい（素晴らしい）
	べんり（便利）	ふべん（不便）	じょうぶ（丈夫）	だいじょうぶ（大丈夫）
	かんたん（簡単）	ふくざつ（複雑）	りっぱ（立派）	すてき（素敵）
	はで（派手）	じみ（地味）	みごと（見事）	むだ（無駄）
	しずか（静か）	にぎやか（賑やか）	たいへん（大変）	あたりまえ（当たり前）
性格	やさしい（優しい）	きびしい（厳しい）	あかるい（明るい）	くらい（暗い）
	まじめ（真面目）	かって（勝手）	さわやか（爽やか）	おだやか（穏やか）
情绪	うれしい（嬉しい）	悲しい（悲しい）	たのしい（楽しい）	つまらない
	すき（好き）	きらい（嫌い）	さびしい（寂しい）	こわい（怖い）
	だいじ（大事）	たいせつ（大切）	くるしい（苦しい）	なつかしい（懐かしい）
	ふかい（不快）	にがて（苦手）	いたい（痛い）	はずかしい（恥かしい）
	ざんねん（残念）	たいくつ（退屈）	ねむい（眠い）	うらやましい（羨ましい）
	しあわせ（幸せ）	さいわい（幸い）	むり（無理）	かわいそう（可哀そう）

练习

🎧 **1. 听句子，在横线上填写假名，括号内填写汉字。**

（1）今日は風がとても_____（　　　　　　　　）ですが、気温はそれほど
　　_____（　　　　　　　　）です。

（2）いよいよマイホームを持つようになりました。_____（　　　　　）家です
　　が、会社に近いし、光がちゃんと入って_____（　　　　　　　）から、とても
　　気に入っています。

（3）_____（　　　　　　　　　）仕事は何もかもがいいですが、唯一な欠点は上司が
　　_____（　　　　　　　）過ぎることです。

（4）あの歌手は海外でずいぶん_____（　　　　　　　　）に暮しているらしく、
　　_____（　　　　　　　　）車を何台も持っているそうです。

（5）この靴はもう_____（　　　　　　　）穿けないぐらいですが、_____
　　（　　　　　　）思い出がありますので、捨てられません。

（6）今年の夏休みはどこにも行かなかったから_____（　　　　　　　　）でしたが、
　　クラスメイトの鈴木さんがたまに遊びに来てくれて_____（　　　　　　　）で
　　した。

（7）姉は最近彼氏ができました。_____（　　　　　　　　）人ですが、あんまり
　　_____所が気になるそうです。

（8）今日見た映画は理解が_____（　　　　　　　　）、友達に説明してもらいながら
　　見ましたが、それでも_____。時間がある時にもう一度見るつもりです。

（9）和服を試したかったので、近くの体験教室で借りてみましたところ、意外と
　　_____、また思ったより_____（　　　　　　　　）ので、お勧めです。

（10）体調を壊して入院した時、友達がお見舞いに来てくれて_____（　　　　　　）
　　ですが、友達が帰ったら、もっと_____（　　　　　　　）なりました。

🎧 **2. 听句子，判断对错。**

（1）（　　　　　）発表のテーマは「美しい故郷」です。

（2）（　　　　　）今は買い物が便利になったので、以前よりいいです。

（3）（　　　　　）私は一年生の時の先生が好きです。

（4）（　　　　　）昨日は今日より暑かったです。

（5）（　　　　　）今は母と一緒に住んでいます。

第二单元　常见语法考点

第一节　动作顺序

考查动作顺序的题目是高考日语的重要考点之一。其关键信息多包含时间（起点、终点、期间、次序）及动作先后顺序的表达。需掌握内容汇总如下。

常见动作顺序表达

分类	用例	译文
【完成】	1. もう→已经 　もう空港に着きました。 2. 今まで→至今 　今まで日本語を二年間勉強しました。 3. Vたところ→刚刚完成V 　今、家を出たところです。	1. 已经到达机场了。 2. 至今学习2年日语了。 3. 现在刚刚从家出去。
【现在】	1. 今→现在 　子供達は今公園で遊んでいます。 2. 現在→现在 　現在、私は就職中です。 3. 今日中→今日内 　今日中レポートを提出してください。	1. 孩子们现在正在公园玩耍。 2. 现在我正处于求职状态。 3. 今天内必须提交报告。
【将来】	1. 今から→从现在开始 　今から駅へ友達を迎えに行きます。 2. これから→接下来 　これから韓国語を勉強しようと思います。 3. 今すぐ→现在马上 　今すぐ聞いてみます。	1. 现在去车站接朋友。 2. 接下来想要学习韩语。 3. 现在马上问问看。
【次序】	首先： 1. 先に 　先に水を入れます。 2. まず 　まず名前を書いてください。 3. 最初に/初めに 　最初に文章を読んでください。	首先： 1. 先加入水。 2. 请先写名字。 3. 请先读文章。

分类	用例	译文
【次序】	在～之前： 1. その前に 　　その前に部屋を予約しなければなりません。 2. Vる前に 　　訪問する前に電話をしたほうがいいです。 在～之后： 1. Vた後 　　映画を見た後、感想を伝えてください。 2. Vてから 　　手を洗ってからご飯を食べます。 然后： そして/その後/それから/次に その後、机を片づけました。 第～天： 一日目→第一天 1. 一日目は家でゆっくり休みたいです。 二日目→第二天 2. 二日目は友達を誘って映画を見るつもりです。 三日目→第三天 3. 三日目は家でパーテイーをしようと思います。	在……之前： 1. 在那之前必须预约房间。 2. 访问前最好打个电话。 在……之后： 1. 看完电影后，请告诉我感想。 2. 洗过手之后吃饭。 然后： 然后，整理了桌子。 第……天： 1. 第一天想在家悠闲地休息。 2. 第二天打算邀请朋友看电影。 3. 第三天想要在家里举行派对。

真题解析

【2015 年】

明日の予定はどうなっていますか。

　　　A. 寝坊→映画→食事

　　　B. 寝坊→食事→映画

　　　C. 食事→映画→寝坊

听第一遍选出答案_____

看完解析听第二遍

解题思路

【第一步】读懂问题和选项

【第二步】听取关键信息（动作顺序相关表达）

【第三步】选出答案

跟着思路一起解题

【问题和选项】明日の<u>予定</u>はどうなっていますか。 <small>明天计划如何安排</small>
　　　　　　　　<small>计划</small>　　　　<small>如何安排</small>

  A. 寝坊→映画→食事
   <small>睡懒觉　电影　就餐</small>

  B. 寝坊→食事→映画
   <small>睡懒觉　就餐　电影</small>

  C. 食事→映画→寝坊
   <small>就餐　电影　睡懒觉</small>

【关键信息】<u>1日目の明日</u>は<u>昼まで</u>寝ようと思います。
　　　　　　<small>第一天(明天)　到中午</small>

  午後は<u>まず</u>友達と食事をして、<u>それから</u>映画を<u>見ようと思います</u>。
   <small>首先</small>　　　　　　　　　　<small>然后</small>　　　　　　<small>想要做……</small>

* **译文(直译)**：准备第一天(明天)睡到中午。

      下午先和朋友吃饭，然后打算看电影。

* **难点**：此题内容为计划安排的会话，通过观察选项考点重在听动作的顺序，所以听懂会话中「昼まで」「まず」「それから」等体现时间、动作顺序的词是关键。

【选出答案】明确明天的计划安排为睡懒觉、吃饭、看电影，所以选 B.「寝坊→食事→映画」。

【听力原文】

女：明日から3日間休みですね。何をする予定ですか。

男：1日目の明日は昼まで寝ようと思います。

女：そうですか。午後は？

男：午後はまず友達と食事をして、それから映画を見ようと思います。

女：2日目はゆっくり休みますか。

男：いいえ、泳ぎに行きたいんですが。

女：海へですか。

男：いや、大学のプールです。

【答案】B

【解题必备】

1.「明日から」「3日間」「1日目」「昼まで」等时间(起点 / 期间 / 序数 / 终点)的表达

2. 表示动作顺序的接续词「まず」「それから」

3. 〜ようと思います表示意志打算

真题解析

【2022年】

お客さんはこれから、まず何をしますか。

   A.レストランに行く。

   B.部屋の手続きをする。

   C.荷物を部屋へ持っていく。

听第一遍选出答案_____

看完解析听第二遍

解题思路

【第一步】读懂问题和选项

【第二步】听取关键信息（动作顺序相关表达）

【第三步】选出答案

跟着思路一起解题

【问题和选项】お客さんはこれから、まず何をしますか。客人这之后首先要做什么
         这之后 首先

   A.レストランに行く
    去餐厅

   B.部屋の手続きをする
    办理入住手续

   C.荷物を部屋へ持っていく
    把行李拿到房间

【关键信息】今から1階のレストランで晩ご飯を食べます。
   接下去

   皆さんの荷物はホテルの人が部屋に持っていってくれます。部屋の手続き
    行李   帮拿   过去

は食事の後にしてください
请在用餐后办理入住手续

* 译文（直译）： 接下去请在一楼餐厅享用晚餐。

下午先和朋友吃饭，然后打算看电影。

请在用餐后办理入住手续。

* 难点： 此题内容为动作顺序的会话，分别听出三个行为对应的安排即可。

【选出答案】 接下来要做的是在餐厅吃饭，其余两个选项均不对。

【听力原文】

皆さん、お疲れ様でした。無事にホテルに着きました。今から1階のレストランで晩ご飯を食べます。晩ご飯は7時からです。後10分で始まります。皆さんの荷物はホテルの人が部屋に持っていってくれますので、ご安心ください。部屋の手続きは食事の後にしてください。

【答案】 A

【解题必备】

1.「今から」的表达

2. 授受动词「てくれる」对动作主体的判断

3.「〜の後にする」对动作顺序安排的表达

练习

🎧 1. お父さんの予定はどうなっていますか。

A. 出張から戻る→会議→家へ帰る

B. 出張から戻る→会議→家へ帰る→飲み会

C. 出張から戻る→会議→飲み会→家へ帰る

🎧 2. 男の人はこれから何をしますか。

A. 学校へ行く

B. テストを受ける

C. 病院へ行く

🎧3. 男の人の予定はどうなっていますか。

    A. ばあちゃんの迎え→友達と食事

    B. 友達と食事→ばあちゃんの迎え

    C. 友達と食事→ばあちゃんの迎え→出張

🎧4. 男の人は今から何をしますか。

    A. 弟の相談に乗る

    B. 弟を迎えに行く

    C. 家で弟を待つ

🎧5. 二人はこれからどうしますか。

    A. 食事をする→映画を見る

    B. 映画を見る→食事をする

    C. プレゼントを選ぶ→食事をする

扫码听音频

第二节　原因目的

　　高考日语听力中询问原因目的的题目在第二大题中常出现，属于较难题目。需要掌握提示原因或目的的表达。

常见原因、目的表达

分类	用例	译文
【原因】	原因在前，结果在后： ～からこそ 1.彼を信じたからこそ、騙されました。 ～ので、～ 2.熱なので、学校を休みました。 ～し 3.その店は値段が安いし、おいしいし、人気があります。 そのため、～ 4.そのため、明日は欠席させていただきたいです。 ～（なく）て、～ 5.朝ごはんを食べなくて、お腹が痛かったです。 ～こともあって 6.日本語を勉強したこともあって、一度は日本へ行ってみたいです。 ～のせいで～ 7.天気のせいで、終電に間に合いませんでした。 ～とかで 8.渋滞とかで、部長は30分遅刻しました。 それで/ですから 9.ですから、コーヒーを3杯買ってきてください。 結果在前，原因在后： 実は～ 1.すみません、行きたいけど、実は明日試験があります。 どうしてかというと～わけだ 2.どうしてかというと、彼は日本で10年も住んでいたわけだ。 ～のは、～からだ 3.今度の旅行に行かなかったのは、お金がなかったからだ。 ～の（よ）/のだ/んだ/んだ（よ） 4.結構です。昼ごはんを食べたばかりなのです。	原因在前，结果在后： 1.正因为相信他，所以被骗了。 2.因为发烧所以请假了不上课。 3.那家店既便宜又好吃，很有人气。 4.因此，明天请允许我缺席。 5.因为没有吃早饭，所以肚子疼了。 6.因为学了日语，所以想去一次日本看看。 7.天气的缘故，没能赶上晚班车。 8.因为交通拥堵之类的，部长迟到了30分钟。 9.所以，请买来3杯咖啡。 结果在前，原因在后： 1.对不起，我想去，但是（情况不允许）事实上明天有考试。 2.要说为什么，那是因为他在日本生活了10年。 3.之所以不去此次旅行，是因为没钱。 4.不需要了，因为我刚吃过午饭。

分类	用例	译文
【目的】	想要: ～たい 1. 席を予約したいですが… ～てほしい 2. 週末のパーテイーに来てほしいです。 为了: ～ように 1. 初心者も分かるように絵を書きました。 ～ために 2. 留学するために、貯金をしています。 ～には パスポートを申請するには身分証明証が必要です。 3. ～（し）に行きます/来ます 4. さっき、資料のコピーをしに行ってきました。	想要: 1. 想预约座位。 2. 期望你来参加周末的派对。 为了: 1. 为了初学者也明白画了图。 2. 为了留学，正在存钱。 3. 身份证用于申请护照是必需的。 4. 我刚去复印资料了。

真题解析

【2017年】

1. 良子さんはなぜ元気なさそうですか。

        A. 病気だから

        B. 仕事が忙しいから

        C. 夜よく眠れないから

2. なぜ来週から楽になるのですか。

        A. 自分が頑張ったから

        B. 仕事が少なくなるから

        C. 新しいメンバーが来るから

听第一遍选出答案 1_____ 2_____

看完解析听第二遍

解题思路

【第一步】读懂问题和选项

【第二步】听取关键信息

【第三步】选出答案

跟着思路一起解题

题1

【问题和选项】良子さんはなぜ元気なさそうですか。
　　　　　　　询问原因（为什么）　看起来……

　　　A. 病気だから
　　　　　因为生病

　　　B. 仕事が忙しいから
　　　　　因为工作忙

　　　C. 夜よく眠れないから
　　　　　因为晚上没能睡好

【关键信息】ううん、実は昨日までに終わらせなければならない仕事があって、帰りが夜
　　　　　　解释原因（事实上）　　　　　　　　　　　　　因为有工作

１０時だったの。

* 译文（直译）：不，事实上有些必须昨天完成的工作，回去都晚上10点了。

【选出答案】明确良子（女生）看起来无精打采的原因是加班很晚所以选 B.「仕事が忙しい
　　　　　から」。

题2

【问题和选项】なぜ来週から楽になるのですか。
　　　　　　　询问原因（为什么）变轻松

　　　A. 自分が頑張ったから　因为自己努力了
　　　　　努力 加油

　　　B. 仕事が少なくなるから　因为工作减少了
　　　　　「少ない」+「なる」减少 变少

　　　C. 新しいメンバーが来るから　因为新同事来了
　　　　　伙伴 同事

【关键信息】ええ、でも来週から新しい社員が来ることになっているので、今週頑張れば
　　　　　　表示转折（但是）　　　　　　客观规定变化　　提示原因（因为……）

これから楽になります。
表条件（如果……的话）接下来

* 译文（直译）：是的，但是下周起新社员将要报到，所以只要本周加油的话接下来就轻松了。

【选出答案】明确女生下周工作将变轻松的原因是有同事要来所以选 C.「新しいメンバーが来
　　　　　るから」。

【听力原文】

男：良子さん、元気なさそうですね。風邪？

女：ううん、実は昨日までに終わらせなければならない仕事があって、帰りが夜１０時だったの。

男：え？毎日そんなに遅くなるの？

女：最近はほとんど、一昨日は１１時まで会社にいたの。

男：大変ですね。

女：ええ、でも来週から新しい社員が来ることになっているので、今週頑張ればこれから楽になります。

男：よかったですね。

【答案】1. B　2. C

【解題必备】

1.「なぜ」等询问原因理由的疑问词

2.「ううん」用于否定回答

3.「実は」「〜て」等体现原因理由的表达

4.「でも」转折接续词，转折后多重要信息

5.「〜ので」体现原因的接续助词，「ので」前面内容为原因，后面为结果

同步练习

🎧1. 森さんはどうして遅れましたか。

　　A. 昨日、遅くまで会議があったから。

　　B. 昨日、具合が悪かったから。

　　C. 朝寝坊したから。

🎧2. 男の人はなぜ元気がないですか。

　　A. 夕べ、遅くまで試験勉強したから。

　　B. 夕べ、遅くまでスポーツ試合を見たから。

　　C. 風邪を引いたから。

🎧3. 山口さんが卒業式に参加できなかった原因は何ですか。

    A. おじいさんが入院したから

    B. お父さんが入院したから

    C. おじさんが入院したから

🎧4. お二人は何のためにケーキを買いますか。

    A. 誕生日の祝い

    B. 男の人が甘い物が食べたいから

    C. テストが終わった祝い

🎧5. 引っ越しの原因は何ですか。

    A. 会社から遠いから

    B. 駅前のため、うるさいから

    C. 交通が不便だから

第三节　请求拜托

请求拜托的语法表达常见于高考日语听力的场景中，比如借贷、请假、搬家、打扫、资料整理等拜托。表达用语较固定，注意积累便容易掌握。

常见请求拜托类表达

分类	用例	译文
【铺垫】	1. ちょっといい？ 2. ちょっとお願いがあるんですが	1. 现在方便吗（想拜托点事情） 2. 我有点事情想拜托你……
【拜托 对方做～】	～てほしいですが→期望～做～ 1. 来週、私の卒業式を参加してほしいですが。 ～ていただけませんか→可以拜托你做～吗? 2. この漢字の読み方を教えていただけませんか。 ～てくれませんか→可以拜托你做～吗? 3. 明日、会議の前に資料をコピーしてくれませんか。	1. 期望下周你来参加我的毕业典礼。 2. 可以拜托你教我这个字的读音吗? 3. 可以拜托你明天会议前把资料复印一下吗?
【请求对方让 自己做～】	～させていただけませんか /～させてもらえないでしょうか→请求让我做～ 1. 今週の日曜日、休ませていただけませんか。 ～させてくれませんか /～させてくださいませんか→请求让我做～ 2. 明日の会議で発表させてくださいませんか。	1. 本周日，请允许我休息。 2. 明天的会议请让我做发表。

真题解析

【2011年】

女の人は男に何を頼みましたか。

　　A. 荷物の整理

　　B. アパート探し

　　C. 引越しの手伝い

听第一遍选出答案_____

看完解析听第二遍

解题思路

【第一步】读懂问题和选项

【第二步】听取关键信息

【第三步】选出答案

跟着思路一起解题

【问题和选项】女の人は男に何を<u>頼みました</u>か。女生拜托了男生做什么事情?
拜托(たのみます)

       A. 荷物の整理
          整理行李

       B. アパート探し
          找房子

       C. 引越しの手伝い
          搬家帮忙

【关键信息】<u>引っ越し、手伝ってもらえない?</u>
     搬家   帮忙 可以请你做~吗

* **译文(直译):** 可以请你帮忙搬家吗?

【选出答案】明确女生是拜托男生帮忙搬家,所以选 C.「引越しの手伝い」。

【听力原文】

女:林さん、ちょっと、いい。

男:うん、何。

女:あのう、新しいアパート見つかったんだけど。

男:あ、そう。

女:引っ越し、手伝ってもらえない?

男:いいよ。

女:ありがとう、助かるわ。

【答案】C

【解题必备】

1. 他动词「頼む」表示拜托,托付

2.「ちょっといい」「～てもらえない」等拜托请求表达

3.「ありがとう、助かるわ」得到帮助时的感激

同步练习

🎧 1. 女の人は何を頼みましたか。

　　A. 携帯を探してほしい

　　B. 財布を探してほしい

　　C. かばんを探してほしい

🎧 2. 吉田さんに何を頼みますか。

　　A. 林さんの送別会に参加するよう頼む

　　B. 特別サービスを頼む

　　C. 店の予約を頼む

🎧 3. 男の人は何を頼まれましたか。

　　A. 部屋の掃除

　　B. 庭の掃除

　　C. ゴミ捨て

🎧 4. 女の人は先輩に何を頼みましたか。

　　A. 自転車を借りたい

　　B. バイクを借りたい

　　C. 自動車を借りたい

🎧 5. 男の人は何を頼まれましたか。

　　A. パソコンの修理

　　B. 携帯の修理

　　C. テレビの修理

第四节　许可命令

　　高考日语听力中的许可或者命令类表达，常出现在父母和孩子、老师和学生、上司和下属、医生和患者之间的对话场景。

常见要求命令表达

分类	用例	译文
【许可】	1.～てもいいです/ても大丈夫です/ても構いません →鉛筆を使ってもいいです。 2.～なくてもいいです →ノートを提出しなくてもいいです。 3.～ことができます →試験中、お水を飲むことができます。	1. 做～也可以 →可以使用铅笔。 2. 不做……也可以 →不提交笔记也可以。 3. 可以做…… →考试时可以喝水。
【委婉命令】	～て→请做～ 1.名前と電話番号を書いて。 ～てください→请做～ 2.質問があったら手をあげてください。 ～なさい→请做～ 3.もっと野菜を食べなさい。	1. 请写名字和电话号码。 2. 有问题的话请举手。 3. 请多吃蔬菜。
【强制命令】	～なければなりません/なきゃ→必须做～ 1.お客さんが来る前に、お菓子を用意しなければなりません。 ～ないと（いけません）→必须做～ 2.今出かけないと…	1. 必须在客人来之前准备点心。 2. 现在必须外出。
【禁止命令】	1.～ないこと →タバコを吸わないこと。 2.～てはいけません →道路を走ってはいけません。 3.だめ/無理（むり）/禁止（きんし） →授業中は飲食禁止です。 4.～ことができません →未成年は運転することができません。 5.～ないでください→请不要做～ 靴のままで部屋に入らないでください。	1. 不要做…… →不要抽烟。 2. 做～是不可以的 →不可以在道路上奔跑。 3. ～是不可以的/禁止的 →上课时禁止吃东西。 4. 不可以 →未成年人禁止驾车。 5. 请不要做…… 请不要穿着鞋子进入房间。

真题解析

【2016年】

工場見学の日に男の人はどうしますか。

  A. 1人で行動します

  B. 直接工場に行きます

  C. みんなといっしょに行動します

听第一遍选出答案_____

看完解析听第二遍

解题思路

【第一步】读懂问题和选项

【第二步】听取关键信息

【第三步】选出答案

跟着思路一起解题

【问题和选项】工場見学の日に男の人は<u>どうしますか</u>。

       询问方式（如何做）

  A. 1人で行動します
   一个人行动

  B. 直接工場に行きます
   直接去工厂

  C. みんなといっしょに行動します
   和大家一起行动

【关键信息】僕の家は<u>工場に近いから</u>、その時間に工場の入り口で<u>待っていてもいいでしょ</u>
      提示原因   征求许可（可以～吗？）

  うか。

  工場見学も授業ですから、<u>初めから</u>一緒に<u>行動してください</u>。
        提示起点（从一开始）   表示要求命令（请）

*译文（直译）：因为我家离工厂很近，所以可以那个时间在工厂入口等着吗？

     工厂参观也是课程，所以请从一开始就和大家一起活动。

* **难点：**对话人物关系的明确非常有助于理解表达，例如此题为老师和学生之间的对话，所以关键句中「てください」为老师对学生的要求命令，对此学生的回答为肯定接受表达：「はい、わかりました」。

【选出答案】明确工厂参观日男生将和大家一起行动，所以选 C.「みんなといっしょに行動します」。

【听力原文】

女：明日は自動車工場を見学しますから、８時４５分までに学校に来てください。

男：先生、何時ごろ工場に着きますか。

女：１０時頃着きます。

男：僕の家は工場に近いから、その時間に工場の入り口で待っていてもいいでしょうか。

女：工場見学も授業ですから、初めから一緒に行動してください。

男：はい、わかりました。

【答案】C

【解題必備】

1.「～てもいいでしょうか」为征求许可表达

2.「～てください」为命令表达，可用于老师对学生。另老师对学生、家长对孩子的命令表达还常用「～なさい」

3.「～から、～てください」：「～から」前为原因，对后句提出命令进行解释说明

同步练习

🎧1. 男の人が今日してはいけないのはどれですか。

　　A. タバコを吸うこと

　　B. お酒を飲むこと

　　C. 会社に行くこと

🎧2. 男の人は明日何をしなければなりませんか。

　　A. ３番と４番の宿題をやります

　　B. １番と２番の宿題を持ってきます

　　C. 全部の宿題を出します

🎧 3. 男の人はどんなことをしてもいいですか。

    A. 水泳をする

    B. 注射をする

    C. お酒を飲む

🎧 4. 教室から出ていいのは何時からですか。

    A. 10時半から

    B. 11時から

    C. 11時半から

🎧 5. 今日のお昼、男の人は何を食べますか。

    A. 魚と野菜スープ

    B. 魚とハンバーグ

    C. 野菜スープとハンバーグ

扫码听音频

第五节　选择决定

选择决定类表达是高考日语听力的常见考查点。关键句出现之前多会穿插干扰信息，增加难度。积累选择决定类的表达是做好这类题目的基础。

常见选择决定类表达

分类	用例	译文
【选择决定】	Nにします/Nにしましょう 1. 飲み物はコーヒーにしましょう。 （こと）にします/（こと）にしましょう 2. 初めての海外旅行はハワイへ行くことにします。 そうしましょう 3.—太郎への誕生日プレゼントはカメラでいいでしょう。 　—最近、撮影に興味を持っているそうで、そうしましょう。 4.—窓を閉めましょうか。 　—いいえ、そのままでいいです。 ～しないで/～にしました 5. 大学卒業後、就職しないで、留学することにしました。 ～ほうがいいと思います 6. 人が多いので、もうちょっと大きいほうがいいと思います。	1. 喝的选咖啡吧。 2. 第一次的海外旅行决定去夏威夷。 3. —给太郎的生日礼物照相机可以吧? 　—最近好像对摄影感兴趣，就选照相机吧。 4. —窗户关上吧? 　—不，就那样就可以。 5. 大学毕业后，决定不工作去留学。 6. 因为人多，所以再大一点比较好。

真题解析

【2013年】

男の人は何を飲みますか。

　　A. 紅茶

　　B. 日本茶

　　C. コーヒー

听第一遍选出答案_____

看完解析听第二遍

解题思路

【第一步】读懂问题和选项

【第二步】听取关键信息

【第三步】选出答案

跟着思路一起解题

【问题和选项】男の人は何を飲みますか。男生要喝什么？

        A. 紅茶   B. 日本茶   C. コーヒー 咖啡

【关键信息】コーヒーでいいよ。

          作出选择

* 译文（直译）：咖啡就可以。

【选出答案】明确男生选择的是咖啡，所以选 C.「コーヒー」。

【听力原文】

男：あっ、お湯沸いてる。僕も飲みたいなあ。

女：何がいい？コーヒー、それとも紅茶？私は日本茶ですけど。

男：そうだね。コーヒーでいいよ。

【答案】C

【解题必备】

1.「お湯沸いている」为热水烧开的场景描写

2.「飲みたい」意为"想喝"

3.「何がいい」表示选择疑问，意为"哪个好呢？"

4. 接续词「それとも」表示选择，意为"……或是……"

同步练习

🎧 1. 何を買いましたか。

    A. 三千円のコート

    B. 五千円のワンピース

    C. 六千円のコート

🎧 2. ジュースを何杯買いますか。

    A. 1杯

    B. 2杯

    C. 3杯

🎧 3. 食事はいつしますか。

    A. 本屋に行ってから

    B. テニスをしてから

    C. 銀行に行ってから

🎧 4. 女の人は何で帰りますか。

    A. タクシー

    B. 電車

    C. 歩いて

🎧 5. 明日二人が計画したプランはどれですか。

    A. 映画を見に行くこと

    B. 釣りに行くこと

    C. 買い物行くこと

扫码听音频

第六节 计划打算

　　计划打算类表达是高考日语听力的常考查点之一。多出现原有计划、情况变更等。常涉及休假安排、学习工作计划、人生规划等涉及时间较长需要仔细考量的场景。

常见计划打算类表达

基础词汇		
予定　計画を立てる　日程を決める スケジュール プラン		
常用表达		
分类	用例	译文
【计划打算】	〜たいです。 1. 今週末は図書館に行きたいです。 〜ようと思います/ 〜ようと思っています 2. 今年の冬休み、北海道へ行こうと思います。 〜つもりです 3. 大学で医学を勉強するつもりです。	1. 这周末想去图书馆。 2. 今年寒假，打算去北海道。 3. 打算在大学学习医学。

真题解析

【2015年】

女の人は昨日何をしましたか。

　　　　A. 家でゆっくり休みました

　　　　B. お姉さんと買い物に行きました

　　　　C. 家で雑誌を読んで過ごしました

听第一遍选出答案_____

看完解析听第二遍

解题思路

【第一步】读懂问题和选项
【第二步】听取关键信息
【第三步】选出答案

跟着思路一起解题

【问题和选项】女の人は昨日何をしましたか。女生昨天做了什么?

 A. 家でゆっくり休みました 在家好好地休息了
 　　　　悠闲地

 B. お姉さんと買い物に行きました 和姐姐去购物了
 　　　　　　　　提示目的

 C. 家で雑誌を読んで過ごしました 在家读杂志度过的
 　　　　　　　　度过(すごします)

【关键信息】家で雑誌でも読んで過ごそうと思っていたのに、姉からどうしてもデパートへ
 　　　　表示列举(～之类)　　表示计划打算(想要)　表示转折(明明)　无论如何

 行こうよと誘われたから、買い物に行きました。
 　　提示内容 被邀请 提示原因

*译文(直译):原本想在家看看杂志什么的度过的,被姐姐邀请非要想去百货商场,所以就去购物了。

【选出答案】明确昨天是和姐姐去百货商场购物了,所以选 B.「お姉さんと買い物に行きました」。

【听力原文】

男:昨日は久しぶりの休みでしたね。

女:ええ。

男:ゆっくりできましたか。

女:それがね、家で雑誌でも読んで過ごそうと思っていたのに、姉からどうしてもデパートへ行こうよと誘われたから、買い物に行きました。

男:そうだったんですか。

【答案】B

【解题必备】

1.「ゆっくりできましたか」为「ゆっくりしましたか」的可能形态，意为"好好休息了吗"

2.「雑誌でも」意为举例，意为"杂志之类的"

3.「～そうと思っていた」表示意志打算，「～と思っていた」过去形态，所以意为"原本打算……"

4. 副词「どうしても」表示无论如何

同步练习

🎧 1. 男の人は誰と一緒に図書館へ行く予定ですか。

　　A. 山崎さん

　　B. 田中さん

　　C. 田中さんと山崎さん

🎧 2. 女の人はいつ留学することを決めましたか。

　　A. 3年前

　　B. 2年前

　　C. 1年前

🎧 3. 山口さんの実家はどこですか。

　　A. 京都

　　B. 北海道

　　C. 箱根

🎧 4. 申し込み書は誰が出しに行きますか。

　　A. 山口さん

　　B. 佐藤さん

　　C. 加藤さん

🎧 5. 男の人は毎日英語の単語をいくつ覚えますか。

　　A. 10個

　　B. 20個

　　C. 覚えません

扫码听音频

第七节　尊他自谦

　　日本人的上下、内外、亲疏意识比较明确，所以日语会话中会遇到尊他或自谦的敬语表达形式。高考日语听力中涉及敬语的表达题目很多年份都有考查。以下常用的尊他语和自谦语形式需要牢固掌握。

常见敬语表达

规则敬语表达		
【尊他】 将对方动作改为尊敬表达	1. お/ご～になる 2. お/ご～くださる 3. ～れる/られる	1. 自由にご利用になってください。 2. どうぞご検討ください。 3. 先生が書かれた本を拝読しました。
【自谦】 将自己或我方动作改为谦虚表达	1. お/ご～する・いたす 2. お/ご～いただきます 3. ございます	1. この本をお借りしてもいいですか。 2. 発表会をご参加いただきました。 3. こちらは桜商社でございます。
不规则词汇敬语表达		
基本形	尊他语	自谦语
いる	いらっしゃる おいでになる	おる
行く		参る、伺う
来る		
する	なさる	いたす
言う・話す	おっしゃる	申す、申し上げる
飲む・食べる	召し上がる	いただく
会う	/	お目にかかる
着る	お召しになる	/
見る	ご覧になる	拝見する
見せる	/	お目にかける、ご覧に入れる
読む	ご覧になる	拝読する
聞く	/	伺う
知る・思う	ご存知です	存じる
あげる	/	差しあげる

续表

基本形	尊他语	自谦语
もらう	/	いただく
くれる	くださる	/

真题解析

【2011年】

1. 女の学生は何のお土産を先生にさしあげますか。

    A 書類

    B 食べ物

    C 着る物

2. 男の先生はお土産を受け取りますか。

    A. 受け取ります

    B. 迷っています

    C. 受け取りません

听第一遍选出答案1_____2_____

看完解析听第二遍

解题思路

【第一步】读懂问题和选项

【第二步】听取关键信息

【第三步】选出答案

跟着思路一起解题

题1

【问题和选项】女の学生は何のお土産を先生にさしあげますか。

    「あげる」的敬语，留意听女生送礼物时的描述

    A. 書類   B. 食べ物   C. 着るもの

    资料   食物   衣服

    观察选项，留意听3个选项相关的细节信息

【关键信息】お口に合うかどうか分かりませんが、よろしかったら、どうぞ、ご家族で召し
　　　　　　　　合口味　　　　　　　　　　　　　　　　　　请品尝

上がってください。
请品尝

* 译文（直译）：不知道是否和您口味，请和家人一起品尝。

【选出答案】明确是吃的东西，所以选 B.「食べ物」

题2

【问题和选项】男の先生はお土産を受け取りますか。
　　　　　　　　　　　问男老师是否会收下

　　　A. 受け取ります　　　B. 迷っています　　　C. 受け取りません
　　　　收下　　　　　　　　　　犹豫　　　　　　　　　不收
　　　观察选项，留意听3个选项相关的细节信息

【关键信息】そうですか。じゃ、遠慮なくいただきます。
　　　　　　　　　　　　　もらう的敬语，表示会收下

* 译文（直译）：

是嘛。那我就不客气地收下了。

【选出答案】选 A.「受け取ります」。

【听力原文】

女：先生、あのう、今、国から両親がきているんですが、

　　これをぜひ先生に差し上げるようにと言われました。

男：えっ、そんな珍しいものを。

女：お口に合うかどうか分かりませんが、

　　よろしかったら、どうぞ、ご家族で召し上がってください。

男：そうですか。じゃ、遠慮なくいただきます。

1. 女の学生は何のお土産を先生にさしあげますか。

　　A. 書類　　　B. 食べ物　　　C. 着る物

2. 男の先生はお土産を受け取りますか。

　　A. 受け取ります　　　B. 迷っています　　　C. 受け取りません

【答案】1. B 2. A

【解题必备】

1.「さしあげる」为「あげる」的自谦语形式

2.「珍しい」珍贵的，少见的

3.「お口に合う」合口味

4.「召し上がる」为「食べる」的尊他语形式

5.「いただく」为动词得到「もらう」的自谦语形式

同步练习

🎧 1. 先生は女の人のレポート見ましたか。

　　A. まだ見ていません

　　B. もう見ました

　　C. 分かりません

🎧 2. 社長は今どこですか。

　　A. 社長室

　　B. 喫煙室

　　C. 空港へ行く途中

🎧 3. メールを出すのは誰ですか。

　　A. 山口さん

　　B. 男の人

　　C. 女の人

第三单元　常见场景考点

第一节　电话场景

扫码听音频

　　日语听力中常涉及电话场景。其中常见以下内容：留言、转告、错误拨打、预约、找人。熟练掌握电话用语，可帮助我们轻松应对此类场景。

常见电话用语表达

基础词汇·寒暄	
【词汇】	
留守番電話→留言电话	電話をかける/電話をする→打电话
電話番号→电话号码	電話に出る→接电话
返事→回复	電話番号を間違える→记错电话号码
掛け直す→回电话	電話がつながらない→电话不通
【寒暄】	
もしもし→喂，您好。（电话开头用语）	
では、失礼いたします。→好的，再见。（电话结束用语）	
いつもお世話になっております。→承蒙关照。	
A: 今、どこ？→A: 现在，到哪里了？	
B: 今、〜へ向かっている。/今、移動中。→B: 现在，在朝〜去。/ 现在，在路上。	

拓展表达		
分类	**用例**	**译文**
【找人】	【拨电话方】： 1.〜はいらっしゃいますか。 /〜をお願いできますか。 2.〜のお宅でしょうか。 【接电话方】： 1. はい、〜です/〜でございます。 2. 申し訳ございませんが、〜は今会議中で席を外しております。 3. お急ぎでしたら、〜の携帯番号を申し上げますから、それにお掛けになってください。	【拨电话方】： 1.……在吗？（询问人物）/麻烦找一下…… 2. 请问是〜的家吗？ 【接电话方】： 1. 是的，我就是……。 2. 抱歉，……正在开会，不在座位上。 3. 您着急的话，我告诉你〜的手机号码，请给〜打电话。
【预约】	【拨电话方】： 1.〜でございます。 2. 席/部屋/チケットの予約をしたいんですが。	【拨电话方】： 1. 这里是……。（多用于接电话时报出店名） 2. 我想预约座位/房间/票。

续表

分类	用例	译文
【预约】	3. 予約してある～ですが。 【接电话方】： 1. お電話ありがとうございます。 2. ご希望のお日にちはございますか。 3. お名前とご連絡先を伺ってもよろしいでしょうか。	3. 我是预约过的……。（已预约过报出自己名字） 【接电话方】： 1. 感谢来电。 2. 您希望预订几号呢？ 3. 可以请问您的姓名和联系方式吗？
【留言】	【拨电话方】： 1. ～のことでご相談したいことがあって、折り返しお電話をいただきたいんですが。 2. ～ように伝えていただけますか。 【接电话方】： 1. 何かお伝え致しましょうか。 2. お伝えします。	【拨电话方】： 1. 我想商量一下……的事情，拜托给我回电。 2. 可以请您像这样转达吗？ 【接电话方】： 1. 有什么事情我帮您转达吧。 2. 我来转达。
【回电】	【拨电话方】： 1. これから外出しますので、午後また掛け直します。 2. ～ぐらいしたら、また掛け直します。 3. こちらからあらためてお電話をいたします。 【接电话方】： 1. ～は別の電話に出ております。お待ちいただけますか。それとも、こちらからお電話をいたしましょうか。 2. 戻ったら、折り返しお電話させましょうか。	【拨电话方】： 1. 我马上要外出，所以下午我再打过去。 2. 大概……之后，我再打过去。 3. 我这边再给您致电。 【接电话方】： 1. ……正在接电话。可以请您稍等一下吗，或者这边再给您回电话。 2. 回来的话，请让他给我回电话。
【误拨】	【拨电话方】： 番号を間違えました。どうも失礼しました。	【拨电话方】：拨错电话了。十分抱歉。

真题解析

【20 年】

1. 理恵さんはあしたまず何をしますか。

      A. 先生のところへ行く   B. 男の人に電話をする   C. 図書館へ行く

2. 都合が悪かったら、理恵さんはだれに電話をしますか。

      A. 先生   B. 男の人   C. 女の人

听第一遍选出答案1_____2_____

看完解析听第二遍

解题思路

【第一步】读懂问题和选项

【第二步】听取关键信息

【第三步】选出答案

跟着思路一起解题

题1

【问题和选项】理惠さんはあしたまず何をしますか
　　　　　　　理惠明天首先干什么

　　　A. 先生のところへ行く
　　　　去老师那里

　　　B. 男の人に電話をする
　　　　给男生打电话

　　　C. 図書館へ行く
　　　　去图书馆

【关键信息】明日、１２時ごろ、先生のところへ行く前に、図書館へ来るように伝えていた
　　　　　　　　　　　　　　　　　　在……之前　　　　　　　　可以请你像这样转达吗?

だけますか。

*译文(直译): 可以请您告诉她明天12点去老师那里之前，先来图书馆吗?

*难点: 此题题干考查的是询问动作顺序的题目，但是运用在电话场景中，而且是拜托对方转告给第三者的动作顺序，提升了理解难度。所以对转告等电话场景的常用表达和动作先后顺序类表达有一定的积累就能较好理解了。

【选出答案】明确首先做的是去图书馆，所以选 C.「図書館へ行く」。

题2

【问题和选项】都合が悪かったら、理惠さんはだれに電話をしますか。
　　　　　　　时间不方便的话，理惠打电话给谁?

　　　A. 先生　　　B. 男の人　　　C. 女の人
　　　　老师　　　　　男生　　　　　女生
　　　观察选项，留意听打电话的动作对象

【关键信息】それで、もし都合が悪かったら、ぼくの携帯 に 電話するように伝えていただ
　　　　　　　　　　时间不方便　　假设　　僕(男子自称我) 动作对象

けませんか。

* 译文 (直译): 然后可以请您转达她如果时间不方便的话，请给我手机打电话吗？

* 难点: 根据对话开始的「りえさん、いらっしゃいますか。」「今ちょっと出かけておりまして、すぐ帰ると思いますけど、何かありましたら伝えておきましょうか。」可知理惠さん外出，后文为给她转告的内容。

【选出答案】明确理恵さん的打电话对象为「ぼく」即「男の人」。所以选 B.「男の人」。

【听力原文】

男：もしもし、松本と申しますが、りえさん、いらっしゃいますか。

女：今ちょっと出かけておりまして、すぐ帰ると思いますけど、何かありましたら伝えておきましょうか。

男：じゃ、お願いします。

女：はい、どうぞ。

男：明日、１２時ごろ、先生のところへ行く前に、図書館へ来るように伝えていただけますか。

女：先生のところへ行く前ですね。

男：ええ。それで、もし都合が悪かったら、ぼくの携帯に電話するように伝えていただけませんか。

女：はい。分かりました。

【答案】1. C　2. B

【解题必备】

1. 题干中「まず」为首先

2.「ように伝えていただけますか」为拜托转告的表达

3.「～前に」意为做什么之前，体现出动作顺序

5.「都合が悪い」表示时间情况等不方便做某事

6.「～たら」在此题中用来假设

7.「ように伝えていただけませんか」拜托对方转告……

8.「誰に電話します」提示打电话的对象，即给谁打电话

同步练习

🎧 1. 男の人は何を頼みましたか。

    A. 警備室に荷物を取りに来ること

    B. 夜9時までに家に戻って来ること

    C. 明日の朝7時以降に警備室に来ること

🎧 2. 男の人は何をしたいですか。

    A. デパートに行きたい

    B. レストランを予約したい

    C. 手伝いたい

🎧 3. 女の人はなぜ電話をしましたか。

    A. 陽子さんが朝寝坊をしたから

    B. 陽子さんの携帯を見つけたいから

    C. バレーボールを借りたいから

扫码听音频

第二节　借贷赠予

　　日语听力中同学、朋友、同事间多出现借贷赠予场景的对话。而日语的借区别于中文，是具有方向性的，分为借出去的「貸す」，借进来的「借りる」；另外日语的授受表达也常出现在此场景，增加了理解难度。所以需要提前掌握借贷赠予的相关表达。

常见借贷赠予表达

基础词汇
【词汇】 貸します→借出去 借ります→借进来 てくれる/てください→给进动作 てもらう/ていただく→得到动作

拓展表达		
分类	用例	译文
【借进】	1.〜を貸していただけませんか。 2.〜に貸してもらいました。 3.〜から借りてください。 4.〜を借りたいですが。 5.〜をお願いしたいですが。	1. 可以请你把……借给我吗？ 2. 从……那里借来了。 3. 请从……那里借来 4. 我想借一下……。 5. 我想拜托你……。
【借出】	〜を貸してあげる。	把〜借给（别人）。
【赠予】	1. よかったら、どうぞ。 2. 食べてくれて、ありがとうございます。	1. 请拿去（请品尝）。 2. 谢谢品尝。

真题解析

【2017年】 女の人はどのようにして本を手に入れますか。 　　　　　　A. 本屋で買う　　　　B. 図書館で借りる　　　　C. 先輩に貸してもらう 听第一遍选出答案_____ 看完解析听第二遍

解题思路

【第一步】读懂问题和选项

【第二步】听取关键信息

【第三步】选出答案

跟着思路一起解题

【问题和选项】女の人はどのようにして本を手に入れますか。女生将如何得到书
如何　　　　　　　　　得到

A. 本屋で買う
在书店买

B. 図書館で借りる
在图书馆借

C. 先輩に貸してもらう
从前辈那里借来

【关键信息】授業で使うものだろう、その本なら、ぼく貸してあげるよ。
提示话题　　　　借给你

*译文(直译): 上课用的那本书对吧，那本书的话我借给你哟。

*难点: 此题属于借贷和授受表达的结合，「貸します」为借出，「てあげる」为动作给出(为别人做某事)，「貸してあげる」理解为借给你。

【选出答案】明确女生很乐意从前辈那里借进来，所以选 C.「先輩に貸してもらう」。

【听力原文】

男：李さん、そろそろ教室へ行こうか。

女：え、その前、ちょっと本屋へ寄って、日本の歴史の本を買いたいのですが。

男：歴史の本？この図書館にはないのか。

女：さっき調べましたが、欲しいのがないんです。

男：授業で使うものだろう、その本なら、ぼく貸してあげるよ。

女：本当？いいんですか？先輩。

男：今使わないから、よかったらどうぞ。

女：わ、うれしい。

【答案】C

【解题必备】

1.「手に入れます」意为入手，得到

2.「貸してあげる」为动词借出「貸す」加上授受表达「あげる」，意为借出去给你

3.「いいんですか」意为真的可以吗？暗含自己是接受的，和对方进一步确认

4.「よかったら、どうそ」意为委婉的表达请对方接受

5.「うれしい」在此对话场景理解为很乐意从前辈这里借来书，非常开心

同步练习

🎧 1. 女の人は明日何をしますか。

    A. バレーボール

    B. サッカー

    C. バドミントン

🎧 2. 女の人はどうやって充電しますか。

    A. 男の人の充電器で

    B. 男のモバイルバッテリで

    C. 図書館のモバイルバッテリで

🎧 3. みかんは誰にもらったものですか。

    A. 木下さん

    B. おばあさん

    C. おばさん

第三节　垃圾分类

　　听力题目中涉及到的日本垃圾分类文化是必须了解的。日本的垃圾分类非常细致，一般的生活垃圾分为可燃和不可燃垃圾，不同种类的垃圾要用不同颜色的垃圾袋分装。常见的可燃垃圾有不能再生的纸类、厨房垃圾、木屑及其他；不可燃垃圾有陶瓷类物品、玻璃、小型电器及其他。另外日本扔垃圾的时间也有很多规则，相关负责部门会给各户发放垃圾年历，标注了每日可以扔的垃圾种类和每日收集的时段，如果错过时间要等到下一次收集才可以处理垃圾。

常见垃圾分类表达

基础词汇	
燃（も）えるゴミ→可燃垃圾	粗大（そだい）ゴミ→大件垃圾
燃（も）えないゴミ→不可燃垃圾	有害（ゆうがい）ゴミ→有害垃圾
資源（しげん）ゴミ→资源垃圾	生（なま）ゴミ→厨余垃圾
ゴミ袋（ぶくろ）→垃圾袋	ゴミカレンダー→垃圾日历
プラスチック→塑料	ペットボトル→塑料瓶
ビン→瓶	缶（かん）→罐子
ミルクパック→牛奶盒	新聞紙（しんぶんし）→报纸
ビニール袋（ぶくろ）→塑料袋	紙袋（かみぶくろ）→纸袋
分け方（わけかた）→分类方法	捨て方（すてかた）→处理方法
ゴミを出（だ）す/ゴミを捨てる→扔垃圾	
ゴミをリサイクルする→垃圾回收利用	

真题解析

【2013年】

燃えないごみはいつ捨てますか。

　　　　A. 今日

　　　　B. 明日

　　　　C. あさって

听第一遍选出答案_____

看完解析听第二遍

解题思路

【第一步】读懂问题和选项

【第二步】听取关键信息

【第三步】选出答案

跟着思路一起解题

【问题和选项】燃えないごみはいつ捨てますか。不可燃垃圾什么时间扔
　　　　　　　　　　询问时间

　　　　　　A. 今日　　　　B. 明日　　　　C. あさって

【关键信息】燃えないゴミはあさってです。
　　　　　　不可燃垃圾　　　后天

* 译文 (直译): 不可燃垃圾后天扔。

* 难点: 此题注意要排除前面「今日はダメです。燃えるゴミは明日ですが、」的干扰，意为
　　　　今天不可以扔。可燃垃圾是明天。所以此题听清楚信息，且能对号入座是关键。

【选出答案】明确不可燃垃圾是后天扔，所以选 C.「あさって」。

【听力原文】

男：あのう、ゴミはどうしますか。

女：まず、燃えるゴミと燃えないゴミに分けておいてくださいね。

男：はい、今日捨てても大丈夫ですか。

女：今日はダメです。燃えるゴミは明日ですが、燃えないゴミはあさってです。

男：燃えないゴミって、なんですか。

女：瓶とか、缶とかのことですよ。

男：ビニール袋は？

女：ビニール袋は燃えるゴミですよ。

男：あ、そうですか。

【答案】C

【解题必备】

1.「～はどうしますか」用于询问～该如何做，怎么处理

2.「ておいてくださいね」意为请事先做某事

3.「今日捨てても大丈夫ですか」为询问许可的表达，意为今天扔掉也可以吗

4.「燃えないゴミって、なんですか」中「って」在对话中用来引用提及对方说过的话，意为你说的不可燃指的是哪些

5.「瓶とか、缶とかのことですよ」中「とか」为并列列举表达，意为：指的是瓶子呀罐子呀

同步练习

🎧1. 男の人はこれから何をしますか。

    A. ゴミ分別方法を勉強する   B. ゴミを捨てる   C. ゴミを分ける

🎧2. 燃えないゴミはいつ捨てますか。

    A. 水曜日   B. 明日   C. あさって

🎧3. 男の人はこれから何をしますか。

    A. ネットで燃えるゴミ袋を買う

    B. コンビニ燃えるゴミ袋を買う

    C. コンビニで燃えないゴミ袋を買う

第四节 物品丢失

听力题目中涉及到物品丢失的场景时，常考查丢失的场所、时间、物品内容、如何找到的等细节。对话人物常见为失主和管理员、警察或同伴之间。

常见物品丢失场景表达

基础词汇	
【词汇】	
忘れ物（わすれもの）→遗失物	交番（こうばん）→警亭
思い出す（おもいだす）→想起	見つかる（みつかる）→发现

拓展表达		
分类	**用例**	**译文**
【明确失物信息】	失主： 1.すみません、〜に忘れ物をしてしまったんです。どうしたらいいでしょうか。 2.〜です。このくらいの、外側に大きいポケットがついてあります。 3.よく覚えていません。 4.確か、〜と〜が入っています。 5.確かに〜に置いたのに。 6.〜の中を何回も探したんですけど。 管理员： 1.何を忘れたんですか。 　何を探しているの。 2.どの辺に置きましたか。 3.中に何が入っていますか。 4.じゃ、調べますから。ちょっと待ってください。 5.さっき〜でしょう。〜の上にはないの？	失主： 1.抱歉，我把……给弄丢了。该怎么办呢？ 2.是一个……。大约这么大（手势比出大小），外侧有大的口袋。 3.我不太记得了。 4.应该是装着……和……的。 5.我明明放在……了。 6.〜里面我找了好几次了（但是没找到）。 管理员： 1.你把什么丢失了？ 　你在找什么？ 2.放在哪里了？ 3.里面装有什么？ 4.我查一下，请稍等。 5.刚才……（用）了吧？……的上面没有吗？
【确认找寻结果】	管理员： ありましたよ/あった。 〜にありますけど、どうしますか。 失主： 1.ああ、よかった。ありがとうございます。 2.今すぐ取りに行きます。	管理员： 找到了，在……（地方）。怎么处理呢？ 失主： 1.啊，太好了。非常感谢。 2.我立刻去取。

真题解析

【2012年】

女の人はカバンをどこに忘れましたか。

　　　　A. 駅

　　　　B. バス

　　　　C. 電車

听第一遍选出答案_____

看完解析听第二遍

解题思路

【第一步】读懂问题和选项

【第二步】听取关键信息

【第三步】选出答案

跟着思路一起解题

【问题和选项】女の人はカバンをどこに忘れましたか。女生把包忘在哪里了
　　　　　　　　　　　　　询问地点

　　　　A. 駅　　　B. バス　　　C. 電車

【关键信息】今降りた電車に 忘れ物をしてしまいました。
　　　　　下车　着落点　　把物品遗失了

*译文(直译): 我把东西忘在刚下的电车上了。

*难点:「今降りた電車に忘れ物をしてしまいました。」女生直接说有东西遗忘在刚下车的电车上了，基本锁定答案，难度较低。进而根据第二句关键信息「カバンですけど」可确认女生的遗失物就是包，所以可知女生把包遗忘在了电车上。会话中提到了「駅」「バス」，都为干扰信息。

【选出答案】明确女生把包遗失在电车上了，所以选 C.「電車」。

【听力原文】

女：すみません。今降りた電車に忘れ物をしてしまいました。これからバスに乗るんですけど、どうしたらいいのでしょうか。

男：今、出た電車ですか。

女：はい、そうです。

男：忘れ物は何ですか。

女：カバンですけど。

男：分かりました。すぐ次の駅に連絡しますから。ええと、カバンの中に何が入っていますか。

女：テキストと辞書、それから、携帯電話も。

【答案】C

【解題必備】

1.「これから」指接下来，后面的动作为将要做的

2.「けど」此题中用来铺垫，缓和语气

3.「どうしたらいいのでしょうか」意为该怎么做好呢，此题用于失主寻求车站工作人员的帮助时所说表达

4.「それから」此题中用来追加列举，意为还有……

真题解析

【2023年】

男の人は何を忘れましたか。

      A. 宿題

      B. お弁当

      C. 道具

听第一遍选出答案_____

看完解析听第二遍

解题思路

【第一步】读懂问题和选项
【第二步】听取关键信息
【第三步】选出答案

跟着思路一起解题

【问题和选项】男の人は<u>何</u>を忘れましたか。　男生忘了什么东西
　　　　　　　　询问物品

　　　　　A. 宿題　　　B. お弁当　　　C. 道具

【关键信息】ああ、せっかく僕の大好きな<u>お握り</u>が<u>入っていた</u>のに。
　　　　　　　　　　　　　　　　　　　饭团　　　装在里面

译文 (直译): 难得里面装了我最喜欢的饭团。

难点: 作业和道具都为混淆选项。对作业进行了明确的否认，但是道具部分，是通过语气以及直接描述遗忘物品的方式进行回答的，需要注意。

【选出答案】装了饭团的东西，所以选 B.「お弁当」。

【听力原文】

男：あっ、忘れ物をしちゃった。

女：また?今度は何?数学の宿題？

男：違う。

女：じゃ、化学の授業に使う道具？

男：ああ、せっかく僕の大好きなお握りが入っていたのに。

女：へぇ？！

【答案】B

【解题必备】

「違う」明确否认，说明不是作业

同步练习

🎧1. 男の人の携帯はどこで見つかりましたか。

    A. 部屋で   B. 交番で   C. コンビニで

🎧2. 男の人これから何をしますか。

    A. 傘を探す   B. 傘を返す   C. お父さんに電話する

🎧3. 男の人のかばんは見つかりましたか。

    A. 見つかりました   B. 見つかっていません   C. まだ分かりません

第五节　工作安排

　　确认工作安排场景的题目，语法表达一般较简单，但是涉及内容较多，所以及时做笔记梳理信息和人物的对应关系非常重要。涉及询问动作顺序的题目，一定要看清楚是问男生还是女生的动作，如果是询问接下来要做的动作，一定要选排第一位的，这时往往会有干扰信息，需要锁定关键信息后对动作顺序进行排序。

常见工作安排表达

基础词汇
【词汇】 当番（とうばん）→值日　　　　　　　準備（じゅんび）→准备 作り直す（つくりなおす）→重新做　　　頼む（たのむ）→托付 用意（ようい）する→做准备　　　　　　担当（たんとう）する→负责 決まり（きまり）→决定 間に合う（まにあう）→来得及

拓展表达		
分类	用例	译文
【动作顺序】	首先： 1. まず　　2. 最初に　　3. はじめに 优先： 1. その前　　2. 先に 排后： 1. その後　　2. それから　　3. 次に 先后： 〜てから	首先： 1. 首先　　2. 最初　　3. 一开始 优先： 1. 那之前　　2. 先（做）…… 排后： 1. 那之后　　2. 然后　　3. 接下来 先后： 做了……之后再做……
【分工负责】	1. ちょっと手伝ってください。 2. 〜部多めに用意しておいてください。 3. 〜時までに準備しといて。 4. 〜は私がやるから〜をお願いできるかな。 5. 残りは〜が担当します。 6. 〜を私に任せてください。	1. 请帮忙。 2. 请多准备好……份。 3. 请……点前准备好。 4. 我来做……，……可以拜托你吗？ 5. 剩余的部分……来负责。 6. 请把……交给我来做。

真题解析

【2012年】

1. 明日の当番は誰ですか。

        A. 私

        B. 王さん

        C. 李さん

2. 女の人は先に何をしますか。

        A. 机を並べます

        B. 床を掃除します

        C. 黒板を拭きます

听第一遍选出答案 1_____ 2_____

看完解析听第二遍

解题思路

【第一步】读懂问题和选项

【第二步】听取关键信息

【第三步】选出答案

跟着思路一起解题

题1

【问题和选项】明日の当番は誰ですか。 明天谁值日

        A. 私   B. 王さん   C. 李さん

【关键信息】王さんは明日です。

* 译文(直译)：小王明天值日。

* 难点：分工场景涉及对比选择的表达也需关注，最好边听边记录，分清人物和对应的工作内容。「昨日は李さんでしたから、今日は私です」中两个「は」即将昨天和今天提出对比，后文内容表示值日生不同。

【选出答案】明确明天值日的是小王，所以选 B.「王さん」。

题2

【问题和选项】女の人は先に何をしますか。女生首先做什么
　　　　　　　　　　　首先

　　　　　A. 机を並べます　摆桌子
　　　　　　　ならべます

　　　　　B. 床を掃除します　打扫地板（床：地板）
　　　　　　　ゆか　そうじ

　　　　　C. 黒板を拭きます　擦黑板
　　　　　　　こくばん　ふきます

【关键信息】じゃ、いつもと同じように、まず床ですね。
　　　　　　　　　　　像往常一样　　　首先　　　确认

　　　　ううん、そうですね…黒板を拭いてから床の掃除をしたいと思っていますが。
　　　　嗯……（表犹豫，思考）　　　　做了……之后　　　　　表示想法　　缓和语气

　　　　そうか、それもいいよ。その後、机を並べてください。
　　　　那也可以（表赞同）　那之后　　　　请摆放桌子

*译文（直译）：那么，像往常一样先打扫地板。

　　　　　　　嗯……我想着擦完黑板之后再打扫地板。

　　　　　　　那也可以的。打扫完地板后请摆放桌子。

【选出答案】明确女生首先做的是擦黑板，所以选 C.「黒板を拭きます」。

【听力原文】

男：今日の当番は誰ですか。

女：あっ、昨日は李さんでしたから、今日は私です。

男：王さんは？

女：王さんは明日です。

男：じゃ、いつもと同じように、まず床ですね。

女：ううん、そうですね…黒板を拭いてから床の掃除をしたいと思っていますが。

男：そうか、それもいいよ。その後、机を並べてください。

女：はい、分かりました。

【答案】1. B　2. C

【解题必备】

1.「当番」表值日

> 2.「たいと思っています」表想法，考虑着
>
> 3.「が」此题中用在句尾表铺垫，缓和语气
>
> 4.「まず」首先，「～てから」做了……之后，「その後」那之后，都是体现动作顺序的表达

同步练习

🎧1. お父さんはこれから何をしますか。

    A. クリスマスツリーを飾る

    B. 花を整理する

    C. 料理をする

🎧2. 男の人はこれからどうしますか。

    A. コピーする→飲み物を準備する

    B. 会議室を掃除する→コピーする→飲み物を準備する

    C. コピーする→飲み物を準備する→会議室を掃除する

🎧3. レポートが完成するまで何日かかりますか。

    A. 二日間

    B. 三日間

    C. 五日間

第六节　问路指路

　　问路场景的听力内容，表述用语场景特征明显。多涉及方向、场所、移动动作、交通工具等。因涉及移动路线较多，边听边画图做笔记也是梳理思路的重要方法。这时往往会有干扰信息，需要锁定关键信息后对移动路线进行排序。

常见问路表达

基础词汇	
駅（えき）→车站	電車（でんしゃ）→电车
バス→公交车	地下鉄（ちかてつ）→地铁
乗り換える（のりかえる）→换乘	交差点（こうさてん）→十字路口
入り口（いりぐち）→入口	出口（でぐち）→出口

拓展表达		
分类	用例	译文
【问路】	1.あのう、～に行きたいんですが、どうやって行きますか。 2.ここへ行きたいですが，迷ってしまいまして。 3.～はどこですか。 4.この辺に～がありますか。 5.～までどのぐらいかかりますか。 6.何番線に乗ればいいですか。 7.どのバスが～へ行きますか。	1.我想去……，怎么能到那里呢? 2.我想去这里，但是迷路了?（指着地图问） 3.……在哪里呢? 4.这附近有……吗? 5.到……要花费多久/多少钱? 6.坐几号线呢? 7.哪个公交车是去往……的呢?
【指路】	1.～つ目の角/交差点/信号を左/右へ曲がる 2.～を渡る/通る 3.～をまっすぐ行くと、～が見える/ある 4.～で～に乗り換える 5.～と～がある交差点です。 6.～分ぐらい歩くと、～が見えます。 7.～はその向かい側にあります。	1.在第……个拐角/十字路口/红绿灯朝左/右转弯 2.穿过/通过…… 3.沿着……直走之后，就可以看到…… 4.在……换乘…… 5.是那个有……和……的十字路口。 6.步行……分左右，可以看到……。 7.……在那对面。

真题解析

【2016年】

1. 女の人はどこに行きたいですか。

        A. 本屋

        B. 商店街

        C. 桜スーパー

2. 女の人はどのように目的地まで行きますか。

        A. 本屋→商店街→目的地

        B. 地下鉄の駅→本屋→目的地

        C. 商店街→地下鉄の駅→目的地

听第一遍选出答案 1_____ 2_____

看完解析听第二遍

解题思路

【第一步】读懂问题和选项

【第二步】听取关键信息

【第三步】选出答案

跟着思路一起解题

题 1

【问题和选项】女の人は<u>どこ</u>に行きたいですか。女生想去哪里
              询问场所

       A. 本屋   B. 商店街   C. 桜スーパー
       书店   步行街   櫻花超市

【关键信息】ここに行きたいんですが、<u>迷ってしまいまして。</u>
                              迷路了

      「ああ、桜スーパーですね。」

      「はい、そうです。」

*译文(直译): 我想去这里，但是迷路了。

啊，是樱花超市啊。

对的。

【选出答案】明确女生想去的是樱花超市，所以选 C.「桜スーパー」。

题2

【问题和选项】女の人はどのように目的地まで行きますか。 _{女生是如何去目的地的}
_{询问方式(如何)}

A. 本屋→商店街→目的地
しょうてんがい

B. 地下鉄の駅→本屋→目的地
ほんや

C. 商店街→地下鉄の駅→目的地
もくてきち

【关键信息】この道をずっと行くと、本屋が見えます。
径直　　提示条件　　自然而然能看到

*译文(直译): 沿着这条路直走，就可以看到书店。

*难点: 书店作为首先提及的场所，且是能看到的应为第一个顺序要到达的地点。

そこから左に曲がると、地下鉄と商店街がありますよ。商店街を通ってすぐ
从那里　　　　　　　　　　　　　　有……和……　　　　　穿过……立刻就是……
です。

*译文(直译): 从书店向左转，有地铁和商店街，穿过商店街就到了。

*难点: 此句涉及地点较多，且有移动的动作，需梳理清楚移动路线即顺序非常关键。「そこ」
指代前句提及的「本屋」。

【选出答案】明确女生首先将看到的是书店，左转后有商店街，穿过商店街即目的地。所以选
A.「本屋→商店街→目的地」。

【听力原文】

女：すみません。

男：はい、何でしょうか。

女：ここに行きたいんですが、迷ってしまいまして。

男：ああ、桜スーパーですね。

女：そうです。

男：この道をずっと行くと、本屋が見えます。

女：本屋ですね。

男：ええ、そこから左に曲がると、地下鉄と商店街がありますよ。商店街を通ってすぐです。

女：どうもありがとうございました。

【答案】1. C　2. A

【解題必备】

1.「はい、何でしょうか」可理解为：有什么事情吗？

2.「この道をずっと行くと、～が見えます」为指路常用表达，意为：这条路直走，就可以看到……

3.「～から左に曲がると、～がありますよ」意为：从……向左转就有……

4.「～を通ってすぐ～です」意为：穿过……就是……

同步练习

1. 本屋はどこに引っ越しましたか。

　　A. 銀行の左　　　　B. スーパーの隣　　　　C. 喫茶店の裏

2. 病院はどこにありますか。

　　A. 信号を右に曲がって左側

　　B. 信号を右に曲がって右側

　　C. 信号を左に曲がって右側

3. 子供の靴の売り場はどこですか。

　　A. 3階　　　　　　B. 4階　　　　　　　　C. 5階

第三部分
拓展提升篇

扫码听音频

第一节　暧昧省略

　　语言的暧昧性也是日语文化的一个重要特征。日语对话中的暧昧表达是为了传递语意的同时让对方易于接受，是礼貌的体现。常见于拒绝或者消极回答等情景。具体可通过省略、感叹、不确定、多义等语言形式来委婉表达出说话人的意图。

常见暧昧省略表达

基础用法		
分类	用例	译文
【省略后半句】 1.后半句习惯性被省略	1.そろそろ出発したら？ →そろそろ出発したら、（どうですか）。 2.そろそろ行かなければ。 →そろそろ行かなければ（ならなりません）。 3.相手に勝ちたいなら、もっと頑張らないと。 →相手に勝ちたいなら、もっと頑張らないと（いけません）。 4.早く行って。 →早く行って（ください）。	1.快点出发（怎么样）。 2.如果还不走的话（就来不及了）。 3.想赢过对手，不更加努力的话（是不行的）。 4.（请）快走。
【省略后半句】 2.后半句多拒绝	1.今日はちょっと。 2.そろそろ帰らないと。 3.実は～んですが。 4.～たいけど、～があって。 5.確かにそうだけど。 6.～のでは？ →宿題を終わらせてから、遊んだ方がいいのでは（ないですか。） 7.いや、別に… →いや、別に（なんでもないです）。 8.もちろん。 →—コンテストの準備はできましたか。 —もちろん（できました）。 9.やっぱり →祝日だから休むんじゃないかと思ったら、やっぱり（そのとおりです）。	1.今天稍微有点（不方便）。 2.必须回去了。 3.事实上……，但是……。 4.想……，但是还要……。 5.的确是那样，但是……。 6.难道不……吗? →难道写完作业之后再玩不好吗? 7.不，没什么事。 8.当然 →—比赛的准备完成吗? —当然（完成了）。 9.果然 →想了想是不是因为节日所以休息了，果然（是那样）。

分类	用例	译文
【感叹】	1. それは、それは。 2. 困ったなあ。 3. せっかく〜のに。 4. 〜といいなあ。 5. しょうがないね。	1. 那可太……了!（感慨） 2. 太让人头疼了!（困扰） 3. 难得……却。（遗憾） 4. 要是……就好了。（愿景） 5. 真是没办法啊!（无奈）
【含糊】 记不清或不明确	1. どうだったかな。 2. さあ、どうだろう。	1. 到底如何了呢? 2. 究竟会如何呢?
【附和】	1. まあね。 2. そう、じゃ、僕も 3. そうか。 4. なるほど。 5. へえ、そうだったんだ。	1. 行吧。 2. 这样啊，那么，我也（和你一样） 3. 是嘛，这样啊。 4. 原来如此。 5. 哎? 原来是这样啊!
拓展用法		
【多种含义】 結構です いいです	①不需要〜（表拒绝） 例：A：ビールもう一本どうですか。 　　　B：いいえ、結構/いいです。 ②可以，好（表接受） 例：A：お茶を飲みませんか。 　　　B：いいえ、水で結構/いいです。	① A：再来一杯啤酒如何? B：不，不用了。 ② A：要不要喝杯茶? B：不，水就可以。

真题解析

【2015 年】

この本はおもしろかったですか。

　　　A. とてもおもしろかったです

　　　B. 読んでいないので、よくわかりません

　　　C. 読んだことがあるようですが、よく覚えていません

听第一遍选出答案_____

看完解析听第二遍

解题思路

【第一步】读懂问题和选项

【第二步】听取关键信息

【第三步】选出答案

跟着思路一起解题

【问题和选项】この本はおもしろかったですか。

这本书有趣吗?

A. とてもおもしろかったです

特别有趣

B. 読んでいないので、よくわかりません

没有读过,所以不太清楚。

C. 読んだことがあるようですが、よく覚えていません

好像读过,但是记不清楚了。

观察选项,注意3个选项的区别,留意原文中,是否有明确的回答。

【关键信息】①前に読んだことがある ような 気がします。

曾经读过　　好像　　感觉

* **译文 (直译):** 感觉以前好像读过。

②うーん、どうだったかな。

嗯……(犹豫) 究竟如何呢? (不确定)

* **译文 (直译):** 嗯……究竟如何呢?

【选出答案】好像读过但记不清了,所以选 C.「読んだことがあるようですが、よく覚えてい
ません」。

【听力原文】

女:この本、知っていますか。

男:前に読んだことがあるような気がします。

女:で、どうでしたか。

男:うーん、どうだったかな。

【答案】C

【解题必备】

1.「～知っています」认识,知道

2.「～Vたことがある」表经历,曾经做过……

3.「気がする」感觉……

同步练习

🎧1. 男の人は誰が犯人だと思いますか。

    A. 社長

    B. 隣に住んでいる人

    C. まだ分かりません

🎧2. 鈴木さんは今何をしていますか。

    A. 彼女と喧嘩する

    B. 資料を整理する

    C. 分かりません

🎧3. 男の人は土曜日何をしますか。

    A. 山登り

    B. 出張

    C. 子供の面倒

第二节　信息变更

　　信息变更类听力题目多涉及数量、品类、地点、时间等内容的改变。一般答案要听到对话内容结束才能最终确认。常出现确认旧信息、提出新信息的过程。新的信息出现时多有提示类日语表达，例如「やっぱり」「実は」「じゃ」等。其后多有说话者的解释说明、选择决定等内容。另外，转折表达后多有重要信息，听力时要特别关注。

常见信息变更类表达

基础用法		
分类	用例	译文
【提起原计划】	1.～つもりだった。 2.～と思っていたんです。 3.～なりたかった。 4.いつものように。 5.予定通り 6.それは変更なし～。	1.原本打算……。 2.原本想……。 3.原本想（成为）……。 4.和往常一样。 5.按照计划 6.那个（事情）没有变化。
【对计划否定】	1.～は大丈夫です。 2.～はいいんですよ。 3.～必要がありません。 4.～なくてもいいです。 5.～かどうか分かりません。 6.～が変わった。	1.……没关系/不用了。 2.……不需要。 3.没有必要……。 4.可以不……。 5.不清楚是否……。 6.……更改了。
【提出新计划】	转折后提出新信息： 1.～が/けど 2.ただ 3.でも/しかし 4.ても 转换话题： 1.それより 2.ところで 3.そういえば 补充说明： 1.あっ 2.待って 3.実は～ 明确新信息： 1.じゃ 2.やっぱり 3.最初は～、結局～	转折后提出新信息： 1-3.虽然……但是…… 4.即使…… 转换话题： 1.比起那个，另外…… 2-3.话说 补充说明： 1.啊……（突然想起的语气） 2.等一下…… 3.实际上…… 明确新信息： 1.那么，接下来 2.果然，仍然，还是…… 3.最初……，最终……

真题解析

【2019年】

男の人はミルクを何本買いますか。

A. 1本　　　B. 2本　　　C. 3本

听第一遍选出答案_____

看完解析听第二遍

解题思路

【第一步】读懂问题和选项

【第二步】听取关键信息

【第三步】选出答案

跟着思路一起解题

【问题和选项】男の人はミルクを何本買いますか。

男人要买几瓶牛奶

A. 1本　　　B. 2本　　　C. 3本

いっぽん　　にほん　　　さんぼん

3个选项比较简单，注意发音，留意听原文中关于量词的表述。

【关键信息】①4本買ってきてくれない。

一开始拜托了买4瓶

*译文（直译）：可以买四瓶回来吗?

②しょうがないね。じゃ、半分でいいわ。

改计划　改为4瓶的一半

*译文（直译）：那没办法。那买一半吧。

③あ、待って。明日はスーパーが休みだから、もう一本お願いね。

再一次改计划　　　　　　　　　　　　　再加一瓶

*译文（直译）：啊，等一下。明天超市休息，再买一瓶吧。

④３本も。嫌だなあ。
　　重复数量

* **译文（直译）**：要买３瓶。真讨厌呀！

* **难点**：「じゃ」「待って」后都出现了信息的变更，即要捕捉到新的信息。

【选出答案】最终确定是３瓶，所以选 C.「３本」。

【听力原文】

女：太郎、ミルクを４本買ってきてくれない。

男：え？そんなに。重くて持ってないよ。

女：しょうがないね。じゃ、半分でいいわ。

男：わかった。行ってきます。

女：あ、待って。明日はスーパーが休みだから、もう１本お願いね。

男：３本も。嫌だなあ。

【答案】 C

【解题必备】

1.「～てくれない？」拜托对方做某事的表达

2.「しょうがない」感叹表达，意为无奈，没办法

3.「行ってきます」多用于家庭成员间出门时的寒暄语，意为"我出去了"

4.「半分でいい」一半就可以

5.「もう一本お願い」拜托再加一瓶

真题解析

【2015年】

男の人はどうして食べながら新聞を読んでいますか。

　　A. 習慣だから　　　　B. すぐ出かけるから　　　　C. 母の話を聞かないから

听第一遍选出答案_____

看完解析听第二遍

解题思路

【第一步】读懂问题和选项

【第二步】听取关键信息

【第三步】选出答案

跟着思路一起解题

【问题和选项】男の人はどうして食べながら新聞を読んでいますか。
　　　　　　　男生为什么边吃边读报纸

　　　A. 習慣だから　　　　B. すぐ出かけるから　　　　C. 母の話を聞かないから
　　　　因为习惯　　　　　　因为马上要外出　　　　　　　因为不听母亲的话

　　　留意听原文中关于解释缘由的表述。

【关键信息】でも、すぐ出かけなくちゃいけないんだよ。
　　　　　　但是　　　　　　必须　　　解释说明 告知

*译文(直译)：但是，我马上得外出了。

【选出答案】转折后说出了理由，所以选 B.「すぐ出かけるから」。

【听力原文】

女：太郎、食べながら新聞を読むのは良くないよ。

男：もうちょっとだけ。

女：食べてからゆっくり読めばいいのに。

男：うん、でも、すぐ出かけなくちゃいけないんだよ。

【答案】B

【解题必备】

1.「～ながら」表示同时进行，理解为：一边……一边……

2.「もうちょっとだけ」表示再稍微一点就好了

3.「食べてからゆっくり読めばいいのに」表示建议：吃完慢慢看不好吗？「のに」可理解为"明明"，增加抱怨的语气

同步练习

🎧1. お二人はいつ会いますか。

    A. 午後3時　　　　　B. 午後5時　　　C. 午後6時半

🎧2. 女の人は何を注文しましたか。

    A. ハンバーガー　　　B. サラダ　　　　C. ステーキ

🎧3. 忘年会のワンピースはどの色にしますか。

    A. 赤　　　　　　　　B. 白　　　　　　C. 黒

🎧4. 男の人は何をしますか。

    A. ファイルを整理します

    B. 資料をコピーします

    C. 資料を提出します

🎧5. 男の人は三連休に何をする予定ですか。

    A. 北海道へ行きます

    B. 温泉旅行に行きます

    C. 実家へ帰ります

🎧6. 女の人は何を注文しますか。

    A. コーヒー

    B. お茶

    C. ジュース

扫码听音频

第三节　情景推理

　　情景推理类听力题目多需要通过一些寒暄语或惯用表达等体现对话的情境。常见情景比如购物、送礼、探病等。对情景的把握有助于我们结合生活经验，更好地理解对话内容。另在掌握常见情景基础表达的基础上，还需要通过对信息的提取、梳理、整合得出最后的答案。

常见情景表达

分类	用例	译文
【拜访】	访客： 1. ごめんください。 2. お邪魔します/失礼します。 3. つまらないものですが。 4. そろそろ帰らないと。 5. 楽しい時間をありがとうございました。 6. 今日はお邪魔しました。 7. それでは、失礼します。 主人： 1. 遠いところをよくいらっしゃいました。 2. どうぞお上りください。 3. どうぞお掛けください。 4. いつもお世話になっております。 5. お茶を入れてまいります。 6. 来てくれてありがとうございます。 7. お気をつけて。 8. 時間があったら、また遊びに来てくださいね。	访客： 1. 有人吗？（敲门时） 2. 打扰了。（进门时） 3. 一点心意（请笑纳）。 4. 差不多该回去了。（准备告辞） 5. 谢谢让我度过了愉快的时光。（告辞时） 6. 今天打扰了。（离开时） 7. 那我先告辞了。（离开时） 主人： 1. 远道而来非常欢迎。（进门时） 2. 请进。（进门时） 3. 请坐。（进门后） 4. 承蒙关照。（进门后寒暄） 5. 我倒点茶来。（进门后） 6. 谢谢你来。（送别时） 7. 路上小心。（送别时） 8. 有时间了请再来玩。（送别时）
【进出门】	1. A：いってきます。 　 B：いってらしゃい。 2. A：ただいま。 　 B：おかえり。	1. A：我出门了。 　 B：慢走。 2. A：我回来啦。 　 B：欢迎回家。
【购物】	店员： 1. いらっしゃいませ。 2. 何かお探しでしょうか。 客人： 1. ～をください。 2. ～にします。 3. 会計お願いします。	店员： 1. 欢迎光临。 2. 您需要什么（物品）。 客人： 1. 请给我……。 2. 我要这个……。 3. 我要结账。

续表

分类	用例	译文
【就餐】	1. 食べ物/飲み物は何にしようか。 2. ～にします。 3. いただきます。 4. ごちそうさまでした。 5. 今度～が出します/おごります。	1. 食物/饮品点什么呢？ 2. （我）要点……。 3. 我开动了。（饭前） 4. 多谢款待。（饭后） 5. 这次/下次我请客。
【探病】	1. お大事に。 2. お見舞い 3. 入院する 4. 退院する	1. 多保重。（探望者对病人说） 2. 探望 3. 住院 4. 出院

真题解析

【2015年】

男の人は今どこにいますか。

      A. デパート   B. 友達の家   C. 先生の研究室

听第一遍选出答案_____

看完解析听第二遍

解题思路

【第一步】读懂问题和选项

【第二步】听取关键信息

【第三步】选出答案

跟着思路一起解题

【问题和选项】 男の人は今どこにいますか。

         男生现在在哪里

      A. デパート   B. 友達の家   C. 先生の研究室

      百货商场   朋友家   老师的研究室

      3个选项都是场所类的词，比较简单，留意听原文中关于场所的表述

【关键信息】 ①ごめんください。

         拜访时的问候语，请人开门

*译文（直译）：有人吗？

②遠いところをよくいらっしゃいました。うちの健太がいつもお世話になって

<u>进门时对客人的欢迎语</u>   <u>一般对自己家的孩子会用此称呼</u>

おります。

*译文（直译）： 欢迎你远道而来。我们家的健太一直受你的照顾。

③「どうぞ、お上りください。」

<u>请进（客人到访家里时主人的寒暄）</u>

*译文（直译）： 快请进吧。

【选出答案】 拜访别人家时的用语，而且是拜访那户人家的孩子，所以选 B.「友達の家」。

【听力原文】

男：ごめんください。劉です。

女：あ、劉さん、遠いところをよくいらっしゃいました。うちの健太がいつもお世話に
なっております。

男：いいえ、ぼくのほうこそお世話になっています。

女：どうぞ、お上りください。

男：失礼します。

【答案】 B

【解题必备】

1.「ごめんください」此题中理解为敲门时寒暄用语

2.「うち」表示"我家"

3.「お世話になっております」多对自己或自己家庭成员的朋友、同事等寒暄时使用。意
为"承蒙关照"

4.「失礼します」此题中理解为到访别人家进门时的寒暄语，意为打扰了

同步练习

🎧 1. 二人は何をしていますか。

     A. 勉強

     B. 食事

     C. 運動

🎧2. 二人はどこで会いましたか。

    A. 学校の食堂

    B. 図書館

    C. コンビニ

🎧3. 二人は何をしていますか。

    A. 映画を選ぶ

    B. 食べ物を選ぶ

    C. 音楽を選ぶ

第四部分
实战练习篇

扫码听音频

听力模拟题一

第一部分　听力（共两节，满分30分）

　　做题时，先将答案标在试卷上。录音内容结束后，你将有两分钟的时间将试卷上的答案转填到答题卡上。

　　第一节（共5小题：每小题1.5分，满分7.5分）

　　听下面5段录音，每段录音后有1道小题，从A、B、C三个选项中选出最佳选项。每段录音只播放一遍。

1. 何時のチケットを買いますか。

　　A. 4:20　　　　　　　　　　B. 4:30　　　　　　　　　　C. 4:50

2. 鍵の番号はどれですか。

　　A. 820922340　　　　　　　B. 820902034　　　　　　　C. 820902340

3. どの形のお皿を買いますか。

　　A. 丸いお皿　　　　　　　　B. 正方形のお皿　　　　　　C. 長方形のお皿

4. どのコースを予約しましたか。

　　A. Aコース　　　　　　　　B. Bコース　　　　　　　　C. Cコース

5. 女の人はコンビニで何を買いますか。

　　A. 醤油と塩　　　　　　　　B. 醤油と塩と石鹸　　　　　C. 醤油と塩と切手

　　第二节（共15小题：每小题1.5分，满分22.5分）

　　听下面5段录音，每段录音后有3小题，从A、B、C三个选项中选出最佳选项，录音只播放两遍。

听下面的录音，回答第6至8题。

6. 男の人はどうして遅刻しましたか。

　　A. 朝寝坊したから　　　　B. バスが遅れたから　　　　C. 道が渋滞していたから

7. 男の人は今朝何で会社へ行きましたか。

　　A. バス　　　　　　　　　B. タクシー　　　　　　　　C. 地下鉄

8. 男の人はいつも何で会社へ行きますか。

    A. バズ   B. タクシー   C. 地下鉄

听下面的录音，回答第9至11题。

9. 男の人は今日どんな試験がありますか。

    A. 英語   B. 数学   C. 体育

10. 男の人の最後の試験は何ですか。

    A. 英語   B. 数学   C. 体育

11. 男の人は夏休みにどこへ行きたいですか。

    A. 沖縄   B. 京都   C. 中国

听下面的录音，回答第12至14题。

12. 二人はどんな関係ですか。

    A. 夫婦   B. 友達同士   C. 同僚

13. 旅行は何人行きますか。

    A. 1人   B. 2人   C. 3人

14. 男の人はどれを予約しますか。

    A. 食事付けの洋室   B. 食事なしの和室   C. 食事付けの和室

听下面的录音，回答第15至17题。

15. 男の人は明日の午後、何をする予定ですか。

    A. 掃除   B. 美術館に行く   C. 日本料理を食べる

16. 明日の予定はどうなっていますか。

    A. 掃除→食事→美術館   B. 掃除→美術館→食事   C. 美術館→食事→掃除

17. 男の人は明後日、何をする予定ですか。

    A. 近くの公園でバーベキュー

    B. 近所の川でバーベキュー

    C. 日本料理を食べる

听下面的录音，回答第18至20题。

18. 男の人は何のために出かけたんですか。

    A. 友達と映画を見る   B. 荷物を出しに行く   C. ご飯を食べにいく

19. 男の人はこの後、まず何をしますか。

    A. 映画を見る   B. 本屋に行く   C. 荷物を出しにいく

20. 男の人はいつ本屋へ行きますか。

    A. 映画の前   B. 映画の後   C. ご飯の後

听力模拟题二

第一部分　听力（共两节，满分30分）

做题时，先将答案标在试卷上。录音内容结束后，你将有两分钟的时间将试卷上的答案转填到答题卡上。

第一节（共5小题：每小题1.5分，满分7.5分）

听下面5段录音，每段录音后有1道小题，从A、B、C三个选项中选出最佳选项。每段录音只播放一遍。

1. 何の色の猫ですか。

　　A. 白　　　　　　　　　　B. グレイ　　　　　　　　　C. 黒

2. 女の人のお父さんは、1週間にコーヒーを何杯飲みますか。

　　A. 3杯　　　　　　　　　 B. 15杯　　　　　　　　　　C. 21杯

3. 女の人は何が一番難しいと思っていますか。

　　A. 物理　　　　　　　　　B. 社会　　　　　　　　　　C. 歴史

4. 男の子はどんなサンドイッチが一番好きですか。

　　A. 鶏肉とトマトのサンドイッチ

　　B. 牛肉とチーズのサンドイッチ

　　C. 魚と卵のサンドイッチ

5. いつテレビを届けてもらいますか。

　　A. 来週の水曜日　　　　　B. 来週の日曜日　　　　　　C. 今週の日曜日

第二节（共15小题：每小题1.5分，满分22.5分）

听下面5段录音，每段录音后有3小题，从A、B、C三个选项中选出最佳选项，录音只播放两遍。

听下面的录音，回答第6至8题。

6. 男の人と何を約束しましたか。

　　A. 明日映画に行く　　　　B. 出張する　　　　　　　　C. 食事をご馳走する

7. 約束をいつに変更しますか。

    A. 明日   B. 来週   C. 映画の後

8. 男の人が一番言いたいことはなんですか。

    A. 約束の日を変えていくこと

    B. 食事をご馳走すること

    C. また電話すること

听下面的录音，回答第 9 至 11 题。

9. 会議は何時からですか。

    A. 1時半から   B. 2時から   C. 4時半から

10. 会議室は何時まで予約しましたか。

    A. 2時まで   B. 1時半まで   C. 4時半まで

11. 女の人はこの後何をしますか。

    A. 資料をコピーします   B. エアコンをつけます   C. お茶の準備をします

听下面的录音，回答第 12 至 14 题。

12. 明日は一人何分発表しますか。

    A. 10分   B. 15分   C. 30分

13. 発表の練習は何分ありますか。

    A. 10分   B. 15分   C. 30分

14. 学生は明日何時に教室へこなれければなりませんか。

    A. 9時   B. 8時45分   C. 9時半

听下面的录音，回答第 15 至 17 题。

15. 女の人は何を注文しましたか。

    A. 紅茶   B. ケーキ   C. 紅茶とケーキ

16. 男の人は何を注文しましたか。

    A. コーヒー   B. コーヒーとデザート   C. 紅茶とデザート

17. いくら払いましたか。

    A. 1000円   B. 1300円   C. 300円

听下面的录音，回答第18至20题。

18. 何時から何時までの映画を見ますか。

　　A. 10時から12時20分まで　　B. 12時20分から3時まで　　C. 3時から5時20分まで

19. どこで待ち合わせますか。

　　A. 映画館　　　　　　　　　B. 横浜　　　　　　　　　C. さくら駅

20. 二人は何時に待ち合わせます。

　　A. 9時40分　　　　　　　　B. 2時40分　　　　　　　　C. まだ決めていない

扫码听音频

听力模拟题三

第一部分　听力（共两节，满分30分）

做题时，先将答案标在试卷上。录音内容结束后，你将有两分钟的时间将试卷上的答案转填到答题卡上。

第一节（共5小题：每小题1.5分，满分7.5分）

听下面5段录音，每段录音后有1道小题，从A、B、C三个选项中选出最佳选项。每段录音只播放一遍。

1. 電車は何時に出発しますか。
   A. 7:00　　　　　　　　B. 7:20　　　　　　　　C. 7:15
2. 二人のどんな関係ですか。
   A. 友達　　　　　　　　B. 同僚　　　　　　　　C. 家族
3. 猫は今どこにいますか。
   A. 本棚の上　　　　　　B. ベッドの下　　　　　C. 居間
4. 玉出スーパーはどこですか。
   A. デパートの向かい側　B. 郵便局の右　　　　　C. 郵便局の向かい側
5. 女の人は何を持って行きますか。
   A. コップとお皿　　　　B. サンドイッチ　　　　C. サンドイッチと飲み物

第二节（共15小题：每小题1.5分，满分22.5分）

听下面5段录音，每段录音后有3小题，从A、B、C三个选项中选出最佳选项，录音只播放两遍。

听下面的录音，回答第6至8题。

6. 男の人は何を買いますか。
   A. パンと牛乳　　　　　B. パンとみかん　　　　C. みかんと牛乳

7. 家にみかんは何個ありますか。

    A. 2個   B. 6個   C. 8個

8. みかんを何個買いますか。

    A. 2個   B. 6個   C. 8個

听下面的录音，回答第9至11题。

9. お茶についての映画を見たい場合、何階に行きますか。

    A. 1階   B. 2階   C. 3階

10. 学生たちはこの後すぐ何階に行かなければなりませんか。

    A. 1階   B. 2階   C. 3階

11. お土産を買いたい人はいつ買いに行きますか。

    A. 10分後   B. お茶の映画を見た後   C. 見学の後

听下面的录音，回答第12至14题。

12. 今年のアンケートで、男の子で一番答えが多かったのは何ですか。

    A. 科学者   B. 小学校の先生   C. 警察官

13. 今年のアンケートで、女の子で一番答えが多かったのは何ですか。

    A. ケーキ屋   B. 小学校の先生   C. 医者

14. 10年前のアンケートで、男の子が一番なりたい職業はなんですか。

    A. 科学者   B. 警察官   C. 医者

听下面的录音，回答第15至17题。

15. 来週の授業はどこでしますか。

    A. 教室   B. 川   C. 図書館

16. どんな容器を持って行きますか。

    A. 浅くて底が広いプラスナックの容器

    B. 空のペットボトル

    C. 普通のお皿

17. 容器のほかに、何をもって行きますか。

    A. ゴムのサンダル   B. 教科書   C. カバー

听下面的录音，回答第18至20题。

18. このクラスの学生はどんな国の学生ですか。

    A. 中国   B. 日本   C. 世界各国

19. 作文の字数はどのぐらいですか。

    A. 400字   B. 600字   C. 800字

20. 作文は何について書きますか。

    A. 世界中の料理   B. 自分にとって特別な料理   C. 日本料理

扫码听音频

听力模拟题四

第一部分 听力（共两节，满分30分）

做题时，先将答案标在试卷上。录音内容结束后，你将有两分钟的时间将试卷上的答案转填到答题卡上。

第一节（共5小题：每小题1.5分，满分7.5分）

听下面5段录音，每段录音后有1道小题，从A、B、C三个选项中选出最佳选项。每段录音只播放一遍。

1. 女の人はいくら払いますか。

　　A. 550円　　　　　　　　B. 650円　　　　　　　　C. 700円

2. 出席できない場合は誰に連絡しますか。

　　A. 課長　　　　　　　　B. 部長　　　　　　　　C. 社長

3. 男の人は何を借りたいですか。

　　A. 鉛筆　　　　　　　　B. ボールペン　　　　　　　　C. 消しゴム

4. 男の人はこれからまず何をしますか。

　　A. コンビニに行く　　　　B. 牛乳を買う　　　　　　C. ゴミを出す

5. 男の人は電車で来た理由は何ですか。

　　A. 自転車が壊れたから　　B. 雨が降るそうだから　　C. 電車のほうが早いから

第二節（共15小题：每小题1.5分，满分22.5分）

听下面5段录音，每段录音后有3小题，从A、B、C三个选项中选出最佳选项，录音只播放两遍。

听下面的录音，回答第6至8题。

6. 女の人が一番好きな日本料理は何ですか。

　　A. ラーメン　　　　　　　B. 刺身　　　　　　　　C. 天ぷら

7. 女の人が今困っているのは何ですか。

  A. 天気   B. 食べ物   C. 言葉

8. 女の人は留学生活についてどう思っていますか。

  A. 食べ物に慣れていません

  B. 天気が自分の国と違います

  C. 敬語が難しいです

听下面的录音，回答第9至11题。

9. 女の人について正しい説明はどれですか。

  A. 郵便局の場所を聞いています

  B. 郵便局で働いています

  C. さくらデパートで働いています

10. 大きい郵便局はどこにありますか。

  A. 白いビルの後ろです   B. さくらデパートの中です   C. 2つ隣の駅です

11. 女の人はなぜ大きい郵便局へ行きますか。

  A. 近くの郵便局はもうしまっているからです

  B. 家にちかいからです

  C. 前に行ったことがあるからです

听下面的录音，回答第12至14题。

12. 男の人はいつ長野へ行きましたか。

  A. 日曜日   B. 火曜日   C. 木曜日

13. 男の人の国はどんな国ですか。

  A. 一年中冬です   B. いつも暑いです   C. 夏がありません

14. 男の人はなぜ残念だと思いましたか。

  A. 長野に雪がなかったからです

  B. 友達と一緒に長野へ行かなかったからです

  C. 長野がきれいだったからです

听下面的录音，回答第15至17题。

15. 女の人はどこへ行きたいですか。

  A. 大阪です   B. 上野です   C. 秋葉原です

16. 男の人のアドバイスと合っているのはどれですか。

　　A. 途中で黄色い電車に乗り換えた方がはやいです

　　B. 途中で赤い電車に乗り換えた方がはやいです

　　C. タクシーに乗って行った方がいいです

17. 女の人はこれからどうしますか。

　　A. 一人で隣のホームへ行きます

　　B. 男の人と一緒に隣のホームへ行きます

　　C. 今いるホームに来る電車に乗ります

听下面的录音，回答第18至20题。

18. 女の人はどのような場で話をしていますか

　　A. テレビショッピングの番組

　　B. 講演会

　　C. デパート

19. 女の人が紹介している商品は何ですか。

　　A. 携帯電話　　　　　　　　B. テレビ　　　　　　　　C. ビデオカメラ

20. この商品について、女の人の話と合っているのはどれですか。

　　A. 小さいが、機能性に優れている

　　B. 充電が不要である

　　C. インターネットで注文すれば8万円である

扫码听音频

听力模拟题五

第一部分 听力（共两节，满分30分）

做题时，先将答案标在试卷上。录音内容结束后，你将有两分钟的时间将试卷上的答案转填到答题卡上。

第一节（共5小题：每小题1.5分，满分7.5分）

听下面5段录音，每段录音后有1道小题，从A、B、C三个选项中选出最佳选项。每段录音只播放一遍。

1. ケーキは誰が食べましたか。

   A. ゆうと   B. れいこ   C. お父さん

2. 牛乳はどこにありますか。

   A. 冷蔵庫の中   B. テーブルの上   C. スーパー

3. 女の人の実家はどこですか。

   A. 長崎   B. 東京   C. 大阪

4. どうして回答が見つからないですか。

   A. テキストを間違ったから   B. ページを間違ったから   C. 問題が分からないから

5. 今の課長はどんな人ですか。

   A. 厳しい人   B. 優しい人   C. かっこいい人

第二节（共15小题：每小题1.5分，满分22.5分）

听下面5段录音，每段录音后有3小题，从A、B、C三个选项中选出最佳选项，录音只播放两遍。

听下面的录音，回答第6至8题。

6. 男の人は何をしていますか。

   A. 定食を食べている   B. 料理を注文している   C. 料理の値段を聞いている

7. どうすればコーヒーが飲めますか。

　　A. 他の料理に変えれば飲める

　　B. 元々定食に付いているので、何もしなくても飲める

　　C. 定食の値段に100円足せば飲める

8. 会話の内容と合っているのはどれですか。

　　A. 女の人はライスをすすめている

　　B. 男の人はライスを選んだ

　　C. 男の人はアイスコーヒーを選んだ

听下面的录音，回答第9至11题。

9. 男の人は何で京都へ行きましたか。

　　A. 新幹線　　　　　　　　B. 飛行機　　　　　　　　C. バス

10. 東京駅から京都駅まで何時間かかりましたか。

　　A. 6時間　　　　　　　　B. 8時間　　　　　　　　C. 10時間

11. 男の人の話と合っているのはどれですか。

　　A. 京都に一週間いた

　　B. 行く時も帰る時も大変疲れた

　　C. 京都旅行は楽しかった

听下面的录音，回答第12至14题。

12. 女の人について正しいのはどれですか。

　　A. アルバイトをしています

　　B. アルバイトを探しています

　　C. アルバイトを募集しています

13. 女の人は前にどこでアルバイトをしていましたか。

　　A. パン屋です　　　　　　B. レストランです　　　　　C. 喫茶店です

14 男の人は女の人にどれぐらい来てほしいと思っていますか。

　　A. 一週間に2日です　　　B. 一週間に3日以上です　　C. 毎日です

听下面的录音，回答第15至17题。

15. この放送はどこから聞こえていますか。

　　A. 電気店　　　　　　　　B. デパート　　　　　　　C. 車

16. どんな物を扱っていますか。

    A. 調理器具　　　　　　　　B. 事務用品　　　　　　　C. 電気製品

17. 放送の内容と合っているのはどれですか。

    A. 品物を家まで運びます

    B. いらなくなったものをただで引き取ります

    C. 壊れた物を安く修理します

听下面的录音，回答第18至20题。

18. 大豆が畑の肉と言われるのはなぜですか。

    A. 小麦粉に似ているから

    B. 肉よりおいしいから

    C. 良質のタンパク質が多いから

19. 男の人はどんな人ですか。

    A. 学生　　　　　　　　　　B. 仕事が忙しい人　　　　C. 元気がない人

20. 小さい袋に小分けされているのはなぜですか。

    A. 持ち歩きに便利だから

    B. 腐りにくいから

    C. 他の人にも分けてあげられるから

参考答案
（含听力原文）

第一部分　基础巩固篇

第一单元　辨识发音

第一节　清音与浊音

1.

（1）つき（月）

（2）つぎ（次）

（3）かく（書く）

（4）かぐ（家具）

（5）ちがい（違い）

（6）ちかい（近い）

（7）ざんぎょう（残業）

（8）さんぎょう（産業）

（9）かんしゃ（感謝）

（10）かんじゃ（患者）

（11）めいし（名刺）

（12）めいじ（明治）

（13）じゅうりょう（重量）

（14）しゅうりょう（終了）

（15）きけん（危険）

（16）きげん（機嫌）

（17）しじょう（市場）

（18）じじょう（事情）

（19）てんき（天気）

（20）でんき（電気）

2.

（1）さっか（作家）

（2）ざっか（雑貨）

（3）さいがい（災害）

（4）さいかい（再開）

（5）かいがん（海岸）

（6）がいかん（外観）

（7）けんこう（健康）

（8）げんこう（原稿）

（9）せいと（生徒）

（10）せいど（制度）

3.

（1）けいざい（経済）

（2）そつぎょう（卒業）

（3）とうじしゃ（当事者）

（4）こうじょう（工場）

（5）どようび（土曜日）

（6）らいげつ（来月）

（7）だいじ（大事）

（8）ガーデン

（9）ゆうびんきょく（郵便局）

しんがく（進学）

けいさい（掲載）

こうしょう（交渉）

げんば（現場）

かそく（加速）

かぞく（家族）

はら（腹）

ばら（薔薇）

ぎんこう（銀行）

（10）しごと（仕事）　　　　　きんこう（近郊）

第二节　长音与短音

1.

（1）きのう（昨日）　　　　　（11）いっしょ（一緒）
（2）きょう（今日）　　　　　（12）いっしょう（一生）
（3）むちゅう（夢中）　　　　（13）じゅうしょ（住所）
（4）せんせい（先生）　　　　（14）じゅしょう（受賞）
（5）けいかく（計画）　　　　（15）ようぼう（要望）
（6）せつめい（説明）　　　　（16）よぼう（予防）
（7）りょうこう（良好）　　　（17）せんしゅう（先週）
（8）りょこう（旅行）　　　　（18）せんしゅ（選手）
（9）おおい（多い）　　　　　（19）けいたい（携帯）
（10）おい（甥）　　　　　　　（20）こうたい（交替）

2.

（1）おかし（お菓子）　　　　（6）じょし（女子）
（2）おかし（可笑し）　　　　（7）ゆうき（勇気）
（3）けいしき（形式）　　　　（8）ゆき（雪）
（4）けしき（景色）　　　　　（9）ケーキ
（5）じょうし（上司）　　　　（10）クッキー

3.

（1）ゆうめい（有名）　　　　ゆめ（夢）
（2）くろ（黒）　　　　　　　くろう（苦労）
（3）かっこう（格好）　　　　がっこう（学校）
（4）どりょく（努力）　　　　どうりょう（同僚）
（5）そうじ（掃除）　　　　　せいり（整理）
（6）けんこう（健康）　　　　うんどう（運動）
（7）とけい（時計）　　　　　ねぼう（寝坊）
（8）きょうだい（兄弟）　　　だいがくせい（大学生）
（9）ほうこく（報告）　　　　そうだん（相談）
（10）よやく（予約）　　　　　ようやく

第三节　促音与拗音

1.

（1）しょくじ（食事）　　　　　（11）さか（坂）

（2）しゅくだい（宿題）　　　　（12）さっか（作家）

（3）けっきょく（結局）　　　　（13）かっこう（格好）

（4）けってい（決定）　　　　　（14）かこう（加工）

（5）ざっし（雑誌）　　　　　　（15）らっか（落下）

（6）たっきゅう（卓球）　　　　（16）ざっか（雑貨）

（7）しょっき（食器）　　　　　（17）じょうし（上司）

（8）しょき（初期）　　　　　　（18）じゅうし（重視）

（9）しゅっちょう（出張）　　　（19）けっか（結果）

（10）しゅちょう（主張）　　　　（20）けが（怪我）

2.

（1）けっこん（結婚）　　　　　（6）じっけん（実験）

（2）けっこう（結構）　　　　　（7）いっしゅう（一周）

（3）がいしゅつ（外出）　　　　（8）いっしょう（一生）

（4）がいしょく（外食）　　　　（9）ぶか（部下）

（5）じけん（事件）　　　　　　（10）ぶっか（物価）

3.

（1）しゅっせき（出席）　　　　けっせき（欠席）

（2）しゅってん（出店）　　　　じゅってん（十点）

（3）じゅしょう（受賞）　　　　じしょ（辞書）

（4）ペット　　　　　　　　　　ベッド

（5）りょうり（料理）　　　　　じょうず（上手）

（6）かぼちゃ　　　　　　　　　サンドイッチ

（7）ファッション　　　　　　　いっさつ（一冊）

（8）インタネット　　　　　　　ショッピング

（9）ふくしゅう（復習）　　　　よしゅう（予習）

（10）しゅっきん（出勤）　　　　ざんぎょう（残業）

第二单元　辨识人物关系/场景

第一节　简体与敬体

1.

（1）息子だ

（2）大学生ではない

（3）三年前だった

（4）デパートではなかった

（5）食べる

（6）飲まない

（7）選んだ

（8）勉強しなかった

（9）難しい

（10）かわいくない

（11）おとなしかった

（12）重くなかった

（13）上手だ

（14）便利ではない

（15）静かだった

（16）きれいではなかった

2.

（1）練習した　　　　　　　　役に立たなかった

（2）走った　　　　　　　　　間に合った

（3）つらかった　　　　　　　嬉しかった

（4）見に行った　　　　　　　にぎやかではなかった

（5）子供だった　　　　　　　なっている

（6）暑い　　　　　　　　　　寒い

（7）始めた　　　　　　　　　選手だ

（8）弾く　　　　　　　　　　上手ではない

（9）忘れる　　　　　　　　　覚えている

（10）好きだ　　　　　　　　　嫌いだ

3.

（1）①どうだ＿＿＿＿＿＿＿　（②どうですか　）

　　①季節だよ＿＿＿＿＿＿　（②季節ですよ　）

（2）①残っている＿＿＿＿＿　（②残っていますか　）

　　①食べてしまったよ＿＿　（②食べてしまいましたよ　）

（3）①くれる＿＿＿＿＿＿＿　（②くれますか　）

　　①これ＿＿＿＿＿＿＿＿　（②これですか　）

（4）①元気ないね _____ （②元気ないですね ）

　　①眠れませんでした （②眠れなかった ）

（5）①大丈夫? _____ （②大丈夫ですか? ）

　　①そのままでいいよ （②そのままでいいですよ ）

（6）①行かない? _____ （②行きませんか? ）

　　①ごめん （②ごめんなさい ）

（7）①ありましたよ _____ （②あったよ ）

　　①忘れていた （②忘れていました ）

（8）①行こう _____ （②行きましょう ）

　　①どうしよう （②どうしましょう ）

（9）①参加できる? _____ （②参加できますか? ）

　　①仕方がありませんよ （②仕方がないよ ）

（10）①喜ばせよう _____ （②喜ばせましょう ）

　　①無理だよ （②無理ですよ ）

第二节　口语表达——缩略与省略

一、缩略

1.

（1）①片付けてる _____ （②片付けている ）

（2）①終わらせといた （②終わらせておいた ）

（3）①飲んじゃった （②飲んでしまった ）

（4）①笑っちゃう （②笑ってしまう ）

（5）①準備しとく （②準備しておく ）

（6）①寝なきゃ （②寝なければ ）

（7）①連絡してた （②連絡していた ）

（8）①座っちゃいけないよ （②座ってはいけないよ ）

（9）①っていう （②という ）

（10）①あっち （②あちら ）

2.

（1）B

【原文】朝ご飯は食べれなかったけど、遅刻はしないからよかったじゃない。

（2）B

【原文】さっきお母さんが捨ててほしいと言っていたゴミって、どこにある

（3）A

【原文】ねね、今日鈴木さんに会ったけど、担任の先生が来月辞めるって。

二、省略

1.

（1）①参加するって　　　　　（②参加するそうだ　）

　　①したんじゃないの　　　（②したのではないの　）

（2）①なんですけど　　　　　（②なのですけど、返してくれますか　）

　　①空いてたので　　　　　（②空いていたので、座りました　）

（3）①くれるって　　　　　　（②くれると言っている　）

　　①頼んどこう　　　　　　（②頼んでおこう　）

（4）①練習してたら　　　　　（②練習していたら　）

　　①いいんじゃない　　　　（②いいのではないか　）

（5）①じゃなくて　　　　　　（②ではなくて　）

　　①いいかも　　　　　　　（②いいかもしれません　）

（6）①覚えないと　　　　　　（②覚えないといけません　）

　　①暗記しとこう　　　　　（②暗記しておこう　）

（7）①集めなきゃ　　　　　　（②集めなければなりません　）

　　①発表って　　　　　　　（②発表とは、どういうことですか　）

（8）①何時からだっけ　　　　（②何時からですか　）

　　①終わっちゃったよ　　　（②終わってしまったよ　）

（9）①調べて見て　　　　　　（②調べて見てください　）

　　①降らないって　　　　　（②降らないと言っている　）

（10）①このままじゃ　　　　　（②ここままでは　）

　　①閉めちゃ　　　　　　　（②閉めては　）

2.

（1）A

【原文】明日はバスで京都に行くから、チケットを予約しなきゃ。

（2）A

【原文】伊藤さんは実家に到着したって。

（3）B

【原文】熱は下がったけど、咳はまだ止まっていないから、今日は学校を休めば？

（4）B

【原文】

男：ちょっと暑いね。何か冷たい物はどう？アイスコーヒー？

女：飲みたいけど、最近よく眠れなくて、コーヒーはちょっとね。

（5）B

【原文】

男：さっきの人、友達の陽子さんでしょう。まともに挨拶してないね。喧嘩でもした？

女：いや、別に。

第三节　寒暄语

（1）ごめんください

（2）お世話になっております

（3）お先に失礼します

（4）もしもし

（5）ごめんなさい

（6）どういたしまして

（7）お大事に

（8）どうも失礼しました

（9）いらっしゃいませ

（10）お邪魔します

（11）行ってきます

　　　いってらっしゃい

（12）ただいま

　　　お帰りなさい

（13）お久しぶりです

　　　お元気ですか

　　　おかげ様で

（14）いただきます

（15）ごちそう様でした

（16）お疲れ様でした

（17）おめでとう

（18）毎度ありがとうございます

（19）初めまして

（20）お休みなさい

第四节　惯用表达

1.

（1）気がします

（2）用がある

（3）お風呂に入って

（4）風邪を引いたので

（5）具合が悪そう

（6）ちょっと待って

（7）気にしていない

（8）まさかそんな

（9）腹が立つ

（10）また今度ね

2.

（1）A

【原文】うちの子の担任先生は本当に責任感が強い方で、学生食堂で出す料理のことまで気を配っていたわ。

（2）A

【原文】午後3時から1時間ぐらい時間が空きますよ。

（3）B

【原文】

男：そろそろ12時ですね。今行かないと12時から食堂が混み始まりますよ。

女：先にどうぞ。

（4）A

【原文】夜道で猫が飛び出してきたので、びっくりしました。

（5）A

【原文】山口さんは今日元気がなかったから、コーヒーでも買ってあげよう。

（6）A

【原文】朝ごはんを食べてから、二時間も経っていないのに、もうおなかが空きました。

（7）B

【原文】ケーキ一つで、もうおかながいっぱいです。

（8）B

【原文】田中さんは会社から首になったそうですが、最近は遅刻も多かったし、当たり前の結果です。

（9）B

【原文】一週間も準備したテストが今日で終わり、やっと楽になりました。

（10）A

【原文】田中さんは、仕事がまだ終わっていないのか、それとも眠れないのか、まだ起きています。

（11）B

【原文】簡単に見える数学問題は、30分も解けなくて、つい頭にきてしまいました。

（12）B

【原文】あのドラマは主人公が格好つけることに夢中です。

（13）A

【原文】練習問題を解く時に、理解できない部分があったら、声をかけてください。

（14）A

【原文】運転三か月で<u>調子に乗って</u>しまって、事故になっちゃった。

（15）B

【原文】ちょうど<u>都合が悪い</u>時に、田中さんの所へ行きました。

（16）B

【原文】今日は地下鉄で泥棒に誤解されて、<u>ひどい目に遭いました</u>。

（17）A

【原文】クラシックのチケットを<u>手に入れました</u>。

（18）B

【原文】歴史の授業時間が変わったので田中さんにお知らせしたいですが、なかなか<u>連絡</u>
<u>がつかない</u>ですね。

（19）B

【原文】井上さんはいつも真剣な顔で<u>冗談を言っています</u>。

（20）A

【原文】一度<u>頭を冷やして</u>からもう一度話し合いましょう。

第三単元　辨识语义语境

第一节　判断表达（肯定/否定/不确定）

（1）B

【原文】これからは就職の準備で忙しくなるから、部活はやめたほうがいいよ。

（2）A

【原文】もうすぐお客さんが来るから、部屋を掃除しなくちゃ。

（3）B

【原文】いつもは紅茶ですが、今日はコーヒーにします。

（4）B

【原文】実はもっと薄い携帯のほうがほしいですが、予算のこともありますので、まあ、
このちょっと厚い携帯にします。

（5）A

【原文】田舎からミカンをいっぱい持ち帰ったけど、食べてくれない。

（6）B

【原文】この小さなハサミじゃなくて、台所にもっと大きなハサミがあるでしょう。

（7）B

【原文】掃除は自分でするから大丈夫。代わりに、優ちゃんの迎えに行ってくれる。

（8）B

【原文】勉強はもうこれぐらいでいいよ。後は就職活動にするわ。

（9）A

【原文】ピアノ教室は本当にいいと思うよ。でも、その費用がちょっとね。

（10）A

【原文】ここ1月間は一日に10時間も勉強したから、合格できるかもね。

第二节　疑问表达（题干/会话内多样化）

1.

（1）B

【原文】えーと、この本はだれのですか。

（2）B

【原文】鈴木さん、小説を見てますね。どんな話ですか。

（3）B

【原文】小野さん、久しぶりです。いつアメリカから帰ってきましたか。

（4）B

【原文】鈴木さん、どうして宿題を出していないですか。

（5）C

【原文】玲子さん、映画を見てから、何をしますか。

（6）B

【原文】わあ、新しいアイフォンですね。いくらですか。

（7）A

【原文】あれ、車のかぎ、見てない？どこに置いたかな。

（8）C

【原文】すみません、東京タワーまでどのぐらいかかりますか。

（9）B

【原文】お客様、お名前の漢字はどのように書きますか。

（10）C

【原文】失礼ですが、おいくつですか。

2.

（1）誰 （6）どうでしたか

（2）どうして （7）どこ

（3）どのぐらい （8）何をしますか

（4）いつ （9）どんな

（5）何日 （10）いくら

3.

（1）C

【原文】

男：お母さん、部屋の掃除は終わったよ。

女：早いね。じゃあ、台所もお願いしてもいい。

男：分かった。でも、食器はどっちに置いたらいいかな。

女：そうね、悠人は置き場所が分からないんだね。じゃあ、台所は後で姉ちゃんにお願いしとこう。

男：はーい、さっき姉ちゃんからすぐ帰って来ると連絡あったよ。

（2）C

【原文】

男：もう秋ですね。今年も一緒に京都に紅葉を見に行きませんか。

女：ぜひ、いきましょう。去年は10月末に行ったからちょっと早かったですね。

男：そうですね。じゃあ、今年は11月中旬に行きますか。

女：えーと、11月はちょうど忙しい時だから、なかなか休みが取れません。12月も季節だから、その時はどう。

男：はい、そうしましょう。

（3）C

【原文】

男：田中さん、明日どこで待ち合わせしますか。デパートの入口はどうですか。

女：入り口は人が多いから、デパートの2階の本屋の前で会いましょうか。

男：すみません、まだデパートに詳しくなくて、本屋の場所が分かりません。

女：あ、気づいていませんでした。では、携帯売り場の前はどうですか。エレベーターで2階に上がるとすぐ見えます。

男：はい、そこは分かります。

（4）B

【原文】

男：小野さん、ご注文先にどうぞ。

女：うーん、コーヒーとパンは朝食べたから、サンドイッチは遠慮しとくわ。実は今ダイ
　　エット中なの。軽く食べたいから、サラダでいいよ。

男：今も十分きれいですよ。ダイエットしなくてもいいのに。

（5）C

【原文】

男：熱はもう下がったか。

女：うん、さっきより楽になったよ。

男：飲んだ薬が効いたでしょう。今日は無理せずに、そのまま寝てね。牛乳は飲んだの。

女：うん、薬を飲む前にもう飲んだよ。

男：じゃあ、お休みなさい。

（6）A

【原文】

女：ついに終わりました。

男：お疲れ様でした。テストはどうでしたか。

女：数学と歴史は意外と簡単でした。でも社会はやっぱり難しかったですね。

男：まあね、社会の先生は普段から厳しいから、そうなると思いました。

（7）B

【原文】

女：吉田さん、元気ないですね。もしかして、風邪がまだ治っていないですか。

男：いや、風邪は治りました。夕べ遅くまで起きていたので、ちょっと疲れました。

女：そうなんだ。試験勉強？

男：いや、実は夜中にサッカー試合があった。

（8）B

【原文】

男：鈴木さん、ピアノが本当にうまいですね。びっくりしました。

女：いいえ、まだまだです。

男：何年ぐらいピアノを弾きましたか。

女：小学校の時に3年練習しました。中学校と高校の六年間は勉強が忙しかったので、触りませんでした。

男：そうなんですね。

女：大学生になってから、また2年練習して、今になりました。

第三节　感叹表达（语气助词/感叹词）

（1）残念ですね　　　　　　　　　（6）いらないわね

（2）間に合いませんよ　　　　　　（7）帰るわよ

（3）どうかな　　　　　　　　　　（8）どうだい

（4）出席しますよね　　　　　　　（9）かしら

（5）くれるよ　　　　　　　　　　（10）うまそうだなあ

第二部分　考点把握篇

第一单元　常考词汇考点

第一节　数字类

1.

（1）B

【原文】隣のおばさんからリンゴを八つ（やっつ）もらいました。

（2）A

【原文】妹は幼稚園の子供ですが、もう三百（さんびゃく）まで数えることができます。

（3）B

【原文】新しく買ったスカートは3800（さんぜんはっぴゃく）円です。

（4）B

【原文】電子メールを何通（なんつう）も出しましたが、返信がありません。

（5）A

【原文】よく忘れ物をします。今日でもう傘を三本（さんぼん）も無くしました。

（6）A

【原文】今日はちょっと飲み過ぎです。これで六杯目（ろっぱいめ）です。

（7）B

【原文】卵を多めに買いたかったですが、スーパーには十個（じゅっこ）しか残っていませんでした。

（8）A

【原文】光デパートの七階（ななかい）に、私の好きなパン屋がありますので、ぜひ一緒に行きましょう。

（9）A

【原文】今回の同窓会は、十人（じゅうにん）しか集まりませんでした。

（10）A

【原文】友達が飼っている猫が、子猫を三匹（さんびき）も生みました。

2.

（1）　にほん　（　二本　）　　　　　　ごこ　（　五個　）

（2）　にかい　（　二階　）　　　　　　ななかい　（　七階　）

（3）　いっそく　（　一足　）　　　　　にまい　（　二枚　）

（4）　にだい　（　二台　）　　　　　　いちだい　（　一台　）

（5）　にこ　（　二個　）　　　　　　　いっぱい　（　一杯　）

（6）　じゅっとう　（　十頭　）　　　　ひゃくわ　（　百羽　）

（7）　さんさつ　（　三冊　）　　　　　いっさつ　（　一冊　）

（8）　ふたり　（　二人　）　　　　　　ひとり　（　一人　）

（9）　にはい　（　二杯　）　　　　　　さんばい　（　三杯　）

（10）　さんばんめ　（　三番目　）　　　にじゅうごばんめ　（　二十五番目　）

3.

（1）×

【原文】冷蔵庫にあった最後のビール二本は、お父さんが昨日飲みました。

（2）○

【原文】牛乳は一個しか残っていません。

（3）×

【原文】姉にトマト三個を買って来るよう、お願いしました。

（4）×

【原文】姉に手紙二通を出しましたが、一通も届いていないと言っています。

（5）×

【原文】田中さんとは前に何回か電話したことがありますが、会ったことはありません。

第二节　时间类

1.

（1）B

【原文】兄は七月（しちがつ）にアメリカへ出張しました。

（2）B

【原文】テストの準備で、再来月（さらいげつ）まで忙しいです。

（3）B

【原文】私の誕生日は今月の二十日（はつか）です。

（4）A

【原文】3時10分前に集合してください。

（5）A

【原文】9時15分まで集合してください。

2.

（1）げつようび　　　　　　（　月曜日　）

　　もくようび　　　　　　（　木曜日　）

（2）ついたち　　　　　　　（　一日　）

　　じゅうよっか　　　　　（　十四日　）

（3）ろくじじゅっぷん　　　（　六時十分　）

　　ろくじさんじゅっぷん　（　六時三十分　）

（4）しちじかん　　　　　　（　七時間　）

　　はちじかん　　　　　　（　八時間　）

（5）こんげつ　　　　　　　（　今月　）

　　らいげつ　　　　　　　（　来月　）

（6）ゆうべ　　　　　　　　（　夕べ　）

　　てつや　　　　　　　　（　徹夜　）

3.

（1）〇

【原文】母は四年前から毎朝近くの公園でジョギングをしています。

（2）×

【原文】おとといで冬休みは終わりました。

（3）〇

【原文】来週の水曜日までにレポートを出してください。

（4）×

【原文】朝早く出発しますので、大阪到着は遅くても9時ごろです。

（5）×

【原文】試合は3時から始まりますので、10分前に集合してください。

4.

（1）A

【原文】テストは10時からですが、15分前から入場できます。

（2）A

【原文】深夜ドラマは零時二十分に始まります。

（3）A

【原文】5時10分前に出発のチケットを買いました。

（4）A

【原文】今は6時30分ですね。30分後から会議を始めますので、各自準備してください。

（5）A

【原文】もともとの約束時間は4時半だったけど、30分早めにしてもらった。

第三节　自然类

1.

（1）　おおあめ　（　大雨　）　　　　はれ　（　晴れ　）

（2）　かぜ　（　風　）　　　　たいふう　（　台風　）

（3）　てんきよほう　（　天気予報　）　　　　くもり　（　曇り　）

（4）　はる　（　春　）　　　　きおん　（　気温　）

（5）　ふゆ　（　冬　）　　　　ゆき　（　雪　）

（6）　じしん　（　地震　）　　　　しぜんさいがい　（　自然災害　）

（7）　たいふう　（　台風　）　　　　なみ　（　波　）

（8）　おおあめ　（　大雨　）　　　　　あおぞら　（　青空　）

（9）　なつ　（　夏　）　　　　　　　　むしあつい　（　蒸し暑い　）

（10）　けしき　（　景色　）　　　　　もみじ　（　紅葉　）

2.

（1）×

【原文】陽子、午後から雨だと言っているから、傘を持って行ったほうがいいよ。

（2）×

【原文】天気予報は当てにならないね。午後から晴れるといっていたのに、まだ降っているわ。これだったら散歩は無理だわ。

（3）×

【原文】寒っ！雪はもう降らないけど、気温はもっと下がった気がする。こういう時は家から出ないのが一番だよ。

（4）○

【原文】明日の花火大会、楽しみだね。花火大会といったら、やっぱり浴衣でしょう。私は何着も持っているから、なかったら貸してあげるよ。

（5）×

【原文】ねね、いいもん見せてあげるよ。これ、昨日撮った虹の写真。きれいでしょう。傘を持ってなくて完全に濡れちゃったけど、この写真が取れたから、嬉しかった。

3.

（1）C

【原文】

女：ねね、外を見て。真っ白だよ。

男：本当だ、こんなの初めて見たよ。

女：私も。溶けないうちに写真を取っとこう。

男：これだったら、雪だるまも作れるかな。

（2）B

【原文】

女：ちょっと、何これ、すごく揺れているよ。

男：そういえば、李さんは日本に来たばかりですから、こんなのあんまり経験していない

ですね。

女：初めてなの。ちょっと怖いけど。

男：日本はよくありますね。後でまた揺れると思いますよ。

（3）A

【原文】

女：今日は暖かいね。もう花見の季節って感じ。

男：そうだね。来週は桜を見に行こうか。

女：そうしよう。去年は満開の季節を逃してしまって、残念だったわ。

（4）A

【原文】

男：どうしたの。何か落ち込んでいるように見えるけど。

女：そう見える？でも何もないよ。天気のせいかな。

男：まあね、何日も降ってるから。でも梅雨明けはまだまだだよ。

（5）B

【原文】

男：おお、お帰り。北京旅行はどうだった。

女：すごくよかったよ。見て、今回の写真。

男：うわー、山の全体が赤と黄色に染まっていて、すばらしい眺めだなあ。

第四節　場所类

1.

（1）＿＿おおさか＿＿（　大阪　）　　　＿＿きょうと＿＿（　京都　）

（2）＿＿アジア＿＿　　　　　　　　　＿＿ヨーロッパ＿＿

（3）＿＿イギリス＿＿　　　　　　　　＿＿アメリカ＿＿

（4）＿＿がっこう＿＿（　学校　）　　　＿＿しょくどう＿＿（　食堂　）

（5）＿＿きっさてん＿＿（　喫茶店　）　　＿＿こうえん＿＿（　公園　）

（6）＿＿うんどうじょう＿＿（　運動場　）　＿＿たいいくかん＿＿（　体育館　）

（7）＿＿うみ＿＿（　海　）　　　　　　＿＿やま＿＿（　山　）

（8）＿＿いざかや＿＿（　居酒屋　）　　＿＿ホテル＿＿

（9）　とうきょう　（　東京　）　　　　りょうりや　（　料理屋　）
（10）　しょうてんがい　（　商店街　）　どうぶつえん　（　動物園　）

2.

（1）×

【原文】さっき、駅前で鈴木さんに会ったわ。鈴木さんとはなぜかよく出会う。おととい
　　　　も、本屋で会ったけど。

（2）×

【原文】ね、郵便局の隣にあった喫茶店は無くなったの。今日久しぶりにコーヒーが飲み
　　　　たかったけど、見当たらなくて。

（3）○

【原文】光デパートの3階に新しくできたレストランがあるでしょう。今日、そこで食事を
　　　　したけど、あんまりおいしくなかった。

（4）○

【原文】私の古里は十年前までは名の知らない田舎でしたが、今はとても人気な遊園地に
　　　　変わっています。

（5）×

【原文】駐車場の入口の隣にあったゴミ箱が無くなっていたので、ゴミを家まで持ち帰り
　　　　ました。

第五节　物品类

1.

（1）　くるま　（　車　）　　　　　　しんかんせん　（　新幹線　）
（2）　じてんしゃ　（　自転車　）　　オートバイ
（3）　バス　　　　　　　　　　　　でんしゃ　（　電車　）
（4）　フェリー　　　　　　　　　　ひこうき　（　飛行機　）
（5）　あお　（　青　）　　　　　　ピンク
（6）　あか　（　赤　）　　　　　　みどり　（　緑　）
（7）　ピンク　　　　　　　　　　　くろ　（　黒　）
（8）　パン　　　　　　　　　　　　サンドイッチ
（9）　にほんしゅ　（　日本酒　）　ウイスキー
（10）　ケーキ　　　　　　　　　　アイスクリーム

（11）　チョコレート　　　　　　　　　いちご

（12）　あげもの　（　揚げ物　）　　　おちゃ　（　お茶　）

（13）　ぎゅうにく　（　牛肉　）　　　ジャガイモ

（14）　やさい　（　野菜　）　　　　　さかな　（　魚　）

（15）　くだもの　（　果物　）　　　　トマト

2.

（1）×

【原文】兄は車が大好きで、夢は自分のスポーツカーを買うことだそうです。

（2）×

【原文】朝寝坊で電車に間に合わず、タクシーで出勤しましたが、結局遅刻でした。

（3）×

【原文】私は飛行機に乗るのが怖くて、海外旅行は一回も行ったことがないです。

（4）×

【原文】私の黒のシャツを見なかったの。今朝までソファーの上にあったけど。もしかして洗ったの。

（5）○

【原文】クリスマスと言えばやっぱり赤ですから、一年頑張った自分にご褒美で赤の財布をプレゼントしました。

（6）×

【原文】私はほとんどの日本の食べ物が好きですが、唯一苦手なのは納豆です。

（7）×

【原文】私は肉が好きなので、野菜はあんまり食べていません。特に人参とキノコは本当に嫌いです。

（8）○

【原文】ジュース一杯を作るのに、リンゴ三つも使ってしまいました。

（9）×

【原文】うわー、おいしい食べ物ばかりで、なかなかメニューが決まらないわ。カレーも食べたいけど、ラーメンも諦めたくないわ。

（10）×

【原文】私は朝起きるのが遅いですから、朝ご飯は抜きで、直接昼ご飯を食べています。

3.

（1）C

【原文】

A：山口さん、久しぶりのいい天気ですので、公園へ行ってのんびりしましょうか。

B：いいですね、何か買って行きましょう。おにぎりはどうですか。

A：うーん、昼ご飯を食べたばかりなので、おにぎりはちょっと重いかな。

B：そうですね。じゃ、飲み物とお菓子を準備しましょうか。

A：はい。

（2）B

【原文】

A：長島さん、私の腕時計を見ましたか。どうしても見つからなくて。

B：いや、あんまり気にしていませんでしたが、どんな形ですか。

A：白色ですけど、時計の部分は丸いです。でもまん丸ではなくて、楕円形です。

B：分かりました、一緒に探して見ましょう。

A：あ、助かります。

（3）A

【原文】

A：鈴木さん、今週末も山登りですか。もし遠くなかったら、私も一緒に行っていいですか。

B：そうですね、今回は自転車で行こうと思います。桜公園から出発すると、山の登り口まで自転車で1時間半ぐらいです。登り口から頂上までは2時間コースと3時間コースがあります。

A：うわ、かなりきついですね。ちょっと体を鍛えてから、次回から試します。

B：分かりました。

第六節　人文類

1.

（1）　しゃかい　（　社会　）　　　　　すうがく　（　数学　）

（2）　いがく　（　医学　）　　　　　けいざい　（　経済　）

（3）　えいご　（　英語　）　　　　　さくぶん　（　作文　）

（4）　にほんご　（　日本語　）　　　　けいご　（　敬語　）

（5）　　フランス語　　　　　　　　　　ドイツ語

2.

（1）×

【原文】明日のテスト時間は各科目が二時間ずつです。午前9時から物理のテスト、午後2
　　　　時から歴史のテストです。

（2）○

【原文】英語は中学校一年生の時から六年も習いましたので、簡単な挨拶だけではなく、
　　　　日常会話もできます。

（3）×

【原文】イタリア語の勉強は趣味で初めましたが、今は本気で好きになって、必ずイタリ
　　　　アへ一度行ってみたくなりました。

（4）×

【原文】国語の先生が病気で休んだらしいです。それで本日の授業は歴史とチェージした
　　　　そうです。

（5）○

【原文】体育の授業はよく数学や物理の授業に変わってしまいます。今日も結局は数学の
　　　　授業になりました。

第七節　人物类

1.

（1）　かしゅ　（　歌手　）　　　　　かんごし　（　看護師　）

（2）　ともだち　（　友達　）　　　　りゅうがくせい　（　留学生　）

（3）　こども　（　子供　）　　　　　おとな　（　大人　）

（4）　きょうだい　（　兄弟　）　　　ちゅうがくせい　（　中学生　）

（5）　クラスメート　　　　　　　　　おいしゃさん　（　お医者さん　）

（6）　うんてんしゅ　（　運転手　）　せいじか　（　政治家　）

（7）　じゅうい　（　獣医　）　　　　しょくぎょう　（　職業　）

（8）　さっか　（　作家　）　　　　　つうやく　（　通訳　）

（9）　せんぱい　（　先輩　）　　　　こうはい　（　後輩　）

（10）　かちょう　（　課長　）　　　ぶちょう　（　部長　）

2.

（1）○

【原文】テレビでハンサムな人が映画に対して話していたから、俳優かと思ったら、実は映画監督だった。顔がもったいないわ。

（2）○

【原文】このアパートはセキュリティが強く、見知らない人が入ろうとしたら、いつも警備員に止められます。

（3）○

【原文】掃除の当番は男女がグループでやります。ゴミ捨てなどは体力が必要で、女子学生だけでは手に負えませんから。

（4）○

【原文】今日はパン屋さんから、おいしいパンをもらいました。開店5周年記念日で、お客さんへ感謝の気持ちだそうです。

（5）×

【原文】論文の提出が間に合わなかったので、今日教授に厳しく叱られました。

第八节　指代类

1.

（1）　それより　　　　　（6）　いずれも
（2）　そんなに　　　　　（7）　こう
（3）　そんな　　　　　　（8）　こんな
（4）　そっち　　　　　　（9）　あそこ
（5）　それ　　　どれ　　（10）　どれ

2.

（1）○

【原文】コンサートは8時からだよ。まだ6時だから、そんなに急がなくてもいいでしょう。絶対間に合うって。

（2）○

【原文】ねね、この茶碗、けっこう高価と言ったよね。でも、よく見ると作りも荒いし、そう高くは見えないよ。まさか偽物。

（3）×

【原文】東京へ行くのは初めてだから、どのように準備すればいいのかさっぱり分からないわ。

（4）×

【原文】おじいさんにこっちにきて何日か休むようにと誘ったら、一週間後に来ると連絡があった。

（5）×

【原文】さっき先生の話、ちょっと重かったね。皆、もう大人だから、そこまで言わなくてもいいのに。

第九节　形容词

1.

（1） つよい （ 強い ）　　　　ひくくない （ 低くない ）

（2） ちいさい （ 小さい ）　　　あかるい （ 明るい ）

（3） あたらしい （ 新しい ）　　きびし （ 厳し ）

（4） ぜいたく （ 贅沢 ）　　　　たかい （ 高い ）

（5） ふるくて （ 古くて ）　　　なつかしい （ 懐かしい ）

（6） たいくつ （ 退屈 ）　　　　さいわい （ 幸い ）

（7） まじめな （ 真面目な ）　　おもしろくない

（8） むずかしくて （ 難しくて ）　おもしろかったです

（9） きれいで　　　　　　　　　やすかった （ 安かった ）

（10） うれしかった （ 嬉しかった ）　さびしく （ 寂しく ）

2.

（1）○

【原文】授業で「美しい故郷」というテーマで発表しましたら、大好評を受けました。

（2）×

【原文】家の隣に大きなスーパーができて買い物は便利になりましたが、とてもうるさいので、できれば以前の静かな時に戻りたいです。

（3）○

【原文】一年生の時の先生はとても親切でしたが、二年生の時の先生はとても厳しかったです。私はやっぱり優しい先生が好きです。

（4）○

【原文】今日は気温が35度でとても暑いですが、昨日ほどではありません。昨日はアイス
　　　クリーム五つも食べました。

（5）×

【原文】母はいつも勉強しろと言ってうるさかったですが、今は一人暮らしになって、離
　　　れて見たらやっぱり会いたくなります。

第二単元　常见语法考点

第一节　动作顺序

【练习】

1. C

【原文】

男：今日、お父さんが出張から帰って来るでしょう。午後1時半の飛行機だから遅くても5
　　時には家に到着できるね。

女：そんなに早くないよ。空港から直接会社に行くって。先に会議に参加して、終わって
　　から家に戻るの。あ、会議が終わってからまた飲み会にも参加するらしいよ。

男：じゃ、晩ご飯は一緒に食べれないんだ。

2. C

【原文】

女：あら、熱が下がらないね。この状態で学校へ行けるかな。

男：でも午後はテストだから、今日参加しないと、後で面倒になるよ。

女：それも困るね、何とか行くしかないね。家では何もできないから、先に病院に行こう
　　か。薬でももらってから学校に行こう。

3. B

【原文】

男：そろそろ空港に行って来ます。

女：ばあちゃんの飛行機は1時半到着でしょう、まだ早くない？

男：ばあちゃんは1時半到着だけど、実は今日イギリスに留学している友達が帰って来る
　　の。11時到着だから、久しぶりに空港で一緒に食事でもしようかなと思って。

女：久しぶりの帰国なら、先に家に帰ったほうがいいんじゃない？

男：大丈夫、両親とも出張だって。迎えも来ないと文句も言ってたよ。

4. B

【原文】

女：ね、最近、弟があんまり元気ないのよ。

男：えっ、ゆうちゃんに何かあった？

女：ほら、もう中学校3年生でしょう。進学の問題もあるし、勉強がうまく行かなくて、ストレスがあるらしい。

男：それは確かに悩むわ。

女：それでね、今から学校に迎えに行って来るけど、戻ってきたら、ちょっと相談に乗ってくれない？

男：じゃ、一緒に迎えに行こうか。車の中でも話ができるし。

女：助かるわ。

5. A

【原文】

男：もう6時になりましたよ。田中さんのプレゼントを選ぶのに、だいぶ時間がかかりましたね。

女：そうですね。映画は6時半からですよね。後30分ぐらい時間がありますが、食事はどうしますか。

男：映画は2時間ぐらいするから、終わってから食べるとちょっと遅いですね。やっぱり先に何か食べますか。

女：そうですね、簡単にサンドイッチかハンバーガーはどうですか。早いし。

男：そうしよう。

第二節　原因目的

【練習題目】

1. C

【原文】

女：中村君、今月3回目の遅刻ですね。前回は具合が悪かったから。今日はなぜですか。

男：すみません。朝寝坊しました。

女：それは理由になりません。

男：でも、森さんも今日遅刻しましたが、なんで私だけ怒られますか。

女：森さんは、夕べ遅くまでアメリカ支社の担当者と会議があったんです。

2. B
【原文】

女：吉田さん、元気ないですね。もしかして、風邪がまだ治っていないですか。

男：いや、風邪は治りました。夕べ遅くまで起きていたので、ちょっと疲れまして。

女：そうなんだ。試験勉強？

男：いや、実は夜中にサッカー試合で盛り上がったんです。

3. A
【原文】

女：あ、これは高校卒業式の写真だね。懐かしい。

男：そう、久しぶりに見るでしょう。

女：そういえば、この写真に山口さんがいないね。

男：そう。山口さんはその時おじいさんの入院で、面倒を見てたから参加できなかったよ。

4. C
【原文】

男：今日のテスト難しかったね、頭を使いすぎて、お腹が空いたよ。

女：甘いものを食べようか。ケーキはどう。

男：誕生日でもないし。

女：別に誕生日じゃなくてもいいでしょう。テストも終わったし、その祝いにね。行こう。

5. B
【原文】

女：吉田さん、最近出勤が早いですね。

男：はい、1週間前に、会社の近くまで引っ越ししました。

女：まあ、毎日電車で通勤するのは大変だからね。

男：それもありますが、引っ越しの理由は、前に住んでいた所は駅前でしたので、夜中もうるさくて、眠れなかったです。

第三节　请求拜托

【练习题目】

1. C

【原文】

男：いらっしゃいませ。

女：あのう、すみません。30分前にここでコーヒーを飲みましたが、かばんを忘れている
　　と思います。探してもらえますか。

男：分かりました。かばんはどのような色ですか。中に何がありますか。

女：濃い青色のかばんで、中に財布と携帯があります。あ、傘もあります。

男：はい、ちょっと待ってください。

2. C

【原文】

女：佐藤さん、林さんの送別会の場所は決まりましたか。

男：うん、駅前の居酒屋にしたいんだけど。

女：あら、あの居酒屋は吉田さんの知り合いのお店なんですよ。吉田さんに頼んで予約し
　　てもらいましょうか。何かサービスが出るかも。

男：それはよかった。特別サービスはなくてもいいよ。予約さえできれば。実はその居酒
　　屋はかなり人気なもんで、なかなか予約が取れないよ。

3. B

【原文】

男：お母さん、ゴミは捨てたよ。

女：ありがとう。じゃあ、自分の部屋の掃除もしといてね。

男：僕の部屋は毎日掃除しているから、大丈夫だよ。

女：じゃあ、せっかくだから、庭の掃除もしてくれる？

男：任せて。

4. A

【原文】

男：山口さん、バイトは順調？

女：はい、最近少し慣れたから、楽しくなってきました。でも、バイト先がちょっと遠く

て困っています。それでお願いがあるんですが、バイトに行く時先輩の自転車を貸してもらえますか。

男：あ、それより山口さん、運転免許は持ってる？僕は来月から留学だから、半年ぐらいは私の車を使ってもいいよ。

女：いや、残念ですが、自動車もバイクも免許は持っていません。

男：そうなんだ。自転車は自由に使っていいよ。

5. B

【原文】

女：あれ、なんでパソコンの画面がでないんだろう。

男：どうした？ちょっと見せて。（トントントン）

女：わあ、すごい、治りました。今度私の携帯も見てくれませんか。先週から音がでなくて…

男：いいよ、直せるかは分からないけど。

女：ぜひ見てほしいです。

第四节　許可命令

【練習題目】

1. A

【原文】

女：どうしましたか。

男：昨日から喉が痛いんです。

女：ちょっと口を開けてください。あー、赤いですね。風邪ですね。今日はゆっくりお風呂に入って、早く寝てください。

男：あのー、お酒やタバコは？

女：あまりよくないですが、お酒は少しならかまいません。タバコはやめてください。

男：これから会社に行きたいんですが…

女：あまり無理しないで、今日は早めに帰るようにしてくださいね。

男：はい。

2. B

【原文】

女：じゃ、皆さん、宿題を出してください。

男：はい…あれ。

女：どうしましたか。

男：あのう、宿題が…

女：またやらなかったんですか。

男：いいえ、全部やりました。

女：じゃ、持ってくるのを忘れたんでしょう。

男：いいえ、かばんにあります。これです。

女：あら、3番と4番だけですね。

男：1番と2番はうちにあると思います。

女：じゃ、明日、それを持ってくるのを忘れないでください。

男：はい、すみません。

3. C

【原文】

男：あのう、先生、どんなことに気をつけたらいいでしょうか。

女：そうですね。あなたの場合は食べ物は何を食べてもいいですよ。ただ、水泳はしばらくの間、やめてくださいね。この病気にはよくありませんから。まあ、注射はしなくてもいいでしょう。

男：あのう、お酒は？

女：あ、かまいませんよ。

4. B

【原文】それでは、明日の試験について説明します。試験は10時半から12時までです。遅れた場合、20分までは大丈夫ですが、それより後は教室に入ることができませんので、注意してください。試験が早く終わった人は初めの30分は教室から出ることが禁止されます。その後なら、いつ出ても大丈夫です。最後に、受験票を忘れてはいけません。

5. A

【原文】

男：お母さん、今日のお昼は何？

女：魚と野菜スープだよ。

男：じゃ、私は魚だけでいいよ。

女：だめだ。昨日、もっと野菜を食べたほうがいいとお医者さんに言われたよね。

男：だって、野菜が大嫌いだもん。

女：少なめでもいいから、ちゃんと食べなさい。

男：はーい、わかった。

女：ごほうびに、ばんごはんはハンバーグを作ってあげるよ。

男：うれしい。

第五节　選択決定

【練習題目】

1. A

【原文】

女：うあ、このコート、バーゲン中。今は半額で三千円しかないよ。

男：じゃあ、これにしますか。

女：うーん、でもさっき見たワンピースもほしかったわ。

男：ワンピースは五千円だったでしょう。

女：そうだね。じゃ、今回はコートにしよう。

2. B

【原文】

女：鈴木さん、飲み物を買っていきましょうか。

男：オッケー。

女：私はジュースにします。

男：僕はコーヒーでいいよ。

女：山口さんと長島さんもジュースにして、全部でコーヒー1杯とジュース3杯でいいかな。

男：山口さんはジュースでいいけど、長島さんはいつもコーヒーだから、2杯ずつにしようか。

女：はい、分かりました。

3. C

【原文】

女：そろそろ5時ですね。昼ご飯が早かったから、ちょっとお腹がすきました。

男：それに1時間もテニスをしましたから。

女：先に食事をしましょうか。

男：でも、銀行は5時で終わりますから、先に銀行へ行ってから夕飯にするのはどうですか。

女：そうしましょう。食事をしてから帰りに本屋に寄ってもいいですか。

4. A

【原文】

男：洋子さん、すみませんが電車は9時半までですので、先に失礼します。終電に間に合わなかったら、タクシーにするしかないからです。

女：はい、先にどうぞ。お疲れ様でした。

男：洋子さんは何で帰りますか。

女：そうだね、いつもは歩いて帰るけど、今日はちょっと遅いからタクシーにするわ。

5. B

【原文】

男：明日は久ぶりの休みだから、どこか出かけようか。映画はどう？

女：私もそう思ったけど、最近は面白い映画がないね。

男：そうなんだ。じゃ、買い物とかは必要ない？

女：ネットショッピングを始めたから、ほとんどはネットで買っている。

男：じゃ、天気がよかったら釣りでも行こうかな。

女：そうだね、天気予報を見たら明日は晴れだって。おにぎりでも作って行こう。

第六节　计划打算

【练习题目】

1. B

【原文】

男：田中さん、今週の土曜日、一緒に図書館に行きませんか。

女：えっ、テストはもう終わったでしょう？また図書館？

男：勉強はもういいから、漫画を借りたいです。久しぶりに漫画でも見ながらゆっくり休

むつもりです。山崎さんも誘ったんですが、用事があると言ってました。

女：そうなんだ。ちょうど私も借りたい本があるから、そうしよう。土曜日の午後2時はどう？

2. B

【原文】

男：小野さん、留学することになったんですか。

女：はい、手続きはもう終わりました。

男：小野さんと知り合って1年も過ぎましたが、全然気づきませんでした。いつ留学を決めたんですか。

女：実は姉が3年前からイギリスで留学中なんです。2年前に姉の所に遊びに行きましたが、とても気に入って、その時に決めたんです。いつかは私も留学すると。

3. B

【原文】

女：島崎さん、ゴールデンウィークは実家に帰りますか。確か箱根ですよね。

男：はい、ふるさとは箱根ですよ。でも、先週帰ったばかりですから、今回のゴールデンウィークは北海道に行こうと思っています。

女：旅行ですか。

男：旅行と言ってもいいかな。実は山口さんが実家に帰るんですけど、私を誘ってくれました。

女：そういえば、山口さんのご両親は旅館を運営していますね。

4. B

【原文】

男：山口さん、コンテストの申し込み書はもう出しましたか。

女：はい、さっき佐藤さんに渡しました。

男：えっ、なぜ佐藤さんに？

女：知らなかったんですか。申し込み書は佐藤さんが全部まとめてから出しにいくことになっていますよ。

5. C

【原文】

男：美佳さん、まだ勉強していますか。

女：はい、英単語を覚えています。毎日20個を覚えようとしていますが、なかなか難しくて…

男：それは大変ですよ。ぼくも以前毎日10個ずつ覚えていましたが、すぐ忘れてしまったから、今は止めましたよ。

女：うーん、それはもったいないですね。

第七节　尊他自谦

【练习题目】

1. A

【原文】

女：先生、昨日出した私のレポートはご覧になりましたか。

男：これからですけど、どうしたんですか。

女：実は間違った部分があったので、もう一度お渡ししてもいいですか。

男：そうしてください。

2. C

【原文】

女：部長、ちょっと社長室に行って、サインをいただいてきます。

男：社長は今いらっしゃらないよ。

女：え、三十分前に喫煙室で見ましたけど。

男：今日大阪出張だよ。4時半の飛行機を予約したから、今は空港に向かっているところなんだ。

3. C

【原文】

男：今、山口さんから連絡があったけど、説明会の資料を持って行ってなくて、大変なことになっているみたい。

女：あら、では山口さんのところまで資料をお届けしましょうか。

男：いや、遠いから間に合わないと思うんだ。メールを出すのはどうかな。向こうでコピーしたほうが早いかも。

女：では、早速メールを送らせていただきます。

男：頼むよ。

第三単元　常見場景考点

第一节　电话场景

1. A
【原文】

男：もしもし、警備室の島村です。午後宅配便で荷物が届きました。警備室に置いてありますので、お帰りになってから警備室まで取りに来てください。警備室は夜9時までです。もし今日中に合わなかったら、明日の朝7時以降に来てください。では、失礼いたします。

2. B
【原文】

女：お電話ありがとうございます。光デパートの受付でございます。

男：えっ、もう一度お願いできますか。

女：こちらは光デパートの受付でございますが、何かお手伝いしましょうか。

男：あ、すみません。レストランの予約をしたかったですが、電話番号を間違ったと思います。失礼しました。

女：とんでもないです。またよろしくお願いします。

3. C
【原文】

女：もしもし、山口と言います。陽子さんをお願いできますか。

男：えーと、まだ学校から帰っていません。何かあったんですか。

女：実は明日の体育の授業のために、陽子さんのバレーボールを借りたいですが…

男：あ、そうなんですね。じゃ、家に戻ったら陽子に伝えておきます。

女：ありがとうございます。陽子さんの携帯電話がなぜかつながらなくて…

男：あ、陽子の携帯は家にありますよ。今朝寝坊して急ぎだったから、忘れたと思います。

第二节　借贷赠予

1. C

【原文】

女：また太っちゃった。いやだわ、なんで世の中にはおいしい物がこんなに多いの…

男：ははは、ちゃんと食べて、運動したほうがいいよ。

女：そうね、ゆうと君、いろいろスポーツしているでしょう？何か貸してもらってもいい？

男：そうだね、サッカーはさすがに無理でしょう？バレーボールはどう？

女：それもちょっとね…だって、ボールが速くて怖いもん。

男：じゃ、バドミントンのラケットを貸してあげるよ。

2. C

【原文】

女：ごめん、携帯の充電器、持っていたら貸してくれる？

男：今日は持って来てないんだ。バッテリ切れ？

女：うん、インタネットをしすぎて、もう切れそう。

男：図書館の一階にモバイルバッテリを借りるところがあるから、行って見る？

女：そうだね、行って来るわ。

3. C

【原文】

男：おかあさん、冷蔵庫のみかんはいつ買ったの？

女：それね、買ったんじゃなくて、おばさんがくれたの。田舎から戻る時に持って来たって。

男：そうなんだ、でもあんなにいっぱいはさすがに食べきれないでしょう。

女：そうだね、明日友達の木下さんに持って行って。この前お菓子ももらったでしょう。お礼にね。

第三节　垃圾分类

1. A

【原文】

女：太郎、生ゴミはちゃんと分けるようにと言ったでしょう。

男：ごめんなさい、だって分け方が分からないし。

女：冷蔵庫に貼ってある分別方法を読みなさい。妹ももうちゃんと分けているのよ。

男：はいー。

女：また適当にゴミを捨てたら、これからのゴミ捨ては全部太郎にさせるわよ。

2. A

【原文】

女：ね、台所のゴミ、捨ててくれたの、ありがとう。今日帰って整理しようと思ったけど。

男：ちょうど今日は燃えないゴミの日だったから、まとめて出したよ。

女：燃えないゴミは水曜日よ、明日でしょう。

男：うんうん、今日がその水曜日だよ。

女：あら、まったく。私って毎日何を考えているのかな…

3. C

【原文】

女：あ、ゴミ袋を買うのを忘れちゃった。ちょっとコンビニで買ってくれない？

男：いやだ、めんどうくさい。明日出かける時に買えば。

女：間に合わないって。ネットで買ったけど、まだ届いてないから、一個だけ買って来たらいいよ。燃えないゴミ用でお願い。

男：はいはい、分かりました。

第四节　物品丢失

1. C

【原文】

女：小野さん、それ、この前無くした携帯じゃないですか。

男：そう、見つかった。その時は大騒ぎで、交番まで行ったけどね。

女：よかったですね。でも、どこで見つかりましたか。まさか部屋で？

男：いや、家の近くのコンビニで見つかったの。買い物してから、レジの横においたまま帰ったって。翌日にコンビニに寄ったら、顔見知りのアルバイトさんが渡してくれたのよ。

2. C

【原文】

男：お母さん、青の傘を見てない？

女：さあ、見た覚えがないね。でもさとしの傘は黒色でしょう。あれなら、玄関のロッカーにあるけど。

男：青の傘はこの前雨が降った時に先生に貸してもらった傘なんだ。今日返そうと思ったけど見つからない。ちゃんとロッカーに入れておいたのに、なんで。

女：もしかしたら、お父さんが持っていったんじゃない？ちょっと電話してみて。

男：うん。

3. A

【原文】

男：先生、すみません。さっき図書館で忘れ物をしてしまいました。どうしたらいいでしょうか。

女：忘れ物は何ですか。

男：黒かばんで、中には日本語の本と水筒があります。あ、鍵も入っています。

女：はい、こちらのかばんですね。さっき三階の係員がこっちに送って来ましたよ。

男：あ、ありがとうございます。本当に助かります。

女：よかったですね。こちらの紙に忘れ物受領のサインをお願いしますね。

第五節　工作安排

1. B

【原文】

女：皆、これから一時間以内にパーティーの準備を終わらせるよ。

男：へえ、間に合うの？

女：一緒に頑張ったらできる。チームワークでしょう。お父さんはクリスマスツリーを飾ってください。姉ちゃんは料理担当よ。ゆうとは花を整理してね、花瓶に入れればいいよ。

男：花の整理、嫌だ。うまくできないし。お父さんが花を整理して、代わりに私がクリスマスツリーを飾るから。

女：はい、それでは決まり。

2. A

【原文】

女：佐藤さん、3時からミーティングがあるから、会議室の掃除をお願いできるかな。

男：あ、掃除はもう終わりました。

女：あら、手が早いね。じゃあ、資料もコピーしてもらうね。

男：はい、分かりました。

女：コピーが終わるまで多分時間がかかるから、その間飲み物の準備もしてください。

3. C

【原文】

女：今回のレポートは量が多いですから、まずは一人ずつ内容を分けて書いたほうがいいですね。

男：そうですね。3人クループですから、最初の三日間はそれぞれ書きましょう。吉田さんが第一分、野村さんが第二部分、残りは私が担当します。

女：三日間で書き終わったら、後二日間ぐらい皆で一緒にまとめるといいから、間に合いますね。

第六节　问路指路

1. C

【原文】

女：あの、すみません。以前このスーパーの隣に本屋があったんですが、無くなりましたか。

男：あ、青空本屋ですね、引っ越しましたよ。

女：どこに引っ越したか分かりますか。

男：この道をまっすぐで100メートルぐらい行くと、左側に銀行があります。そこを左に曲がると、喫茶店が見えますが、その裏です。

女：ありがとうございます。探してみます。

2. A

【原文】

女：あのう、ちょっと道を聞いてもいいですか。病院へ行きたいんですけど。

男：あの信号を右に曲がったら見えますよ。

女：右に曲がったら、左側ですか、右側ですか。

男：左にあります。

女：どうもありがとうございます。

3. C

【原文】

男：すみません、靴の売り場はどこですか。

女：男性の靴売り場はあちらのエレベーターで3階まで上がって、右側でございます。

男：分かりました。あ、子供の靴も同じ所ですか。

女：子供用品は、靴も含めて5階で販売しております。

第三部分　拓展提升篇

第一节　曖昧省略

【同步练习】

1. C

【原文】

女：ねね、夕べの月曜ドラマ見た？

男：あ、見たよ。

女：犯人は誰だと思う？

男：さあ、どうだろう。

女：私はその社長か、あるいは隣に住んでいる人に一票。

男：うーん、なんか物足りないね。

2. C

【原文】

男：あれ、鈴木さんが席にいないですね。どこへ行ったか分かりますか。

女：そうですね。さっき電話で彼女とけんかしているように聞こえましたけど。

男：えー、鈴木さんに資料を整理してほしかったのに。

3. C

【原文】

女：中島さん、今週の土曜日山登りに行きませんか。

男：山登りはいいね。でも土曜日はちょっとね…

女：なんかあるんですか。

男：うん、妻が出張だから、子供の面倒でね。

女：それはそれは。

第二节　信息变更

1. C

【原文】

女：佐藤さん、今日午後3時の約束ですね。駅前の本屋で。

男：それですけど、約束時間を5時に変えてもいいですか、ちょっと急用ができて。

女：えーと、だったら6時半にするのはどうですか。一緒に晩ご飯を食べてもいいし。

男：はい、そうしましょう。ありがとうございます。

2. B

【原文】

男：この店のハンバーガーは最高ですよ。お勧めです。

女：うーん、昨日もハンバーガーだったから、また今度にします。ステーキにしようかな。

男：そういえば、小野さん最近スリムになりましたね。

女：あら、そう見えたら嬉しいです。実は今ダイエット中です。そう言われたら、やっぱりサラダにしよう。

3. C

【原文】

女：今年の忘年会でこの黒のワンピースはどう？

男：いいね、デザインもシンプルだし、生地も高級に見えるし。

女：そうでしょう。でも、こっちの赤のも悩むわ。ほら、クリスマスのこともあるし、赤は情熱でしょう。

男：うーん、やっぱり黒かな。今年の忘年会は発表もするでしょう。落ち着いた雰囲気がいいと思うけど。

女：はいはい、あなたの言うどおりにします。

4. B

【原文】

男：田中さん、忙しそうだね。ファイルの整理、手伝おうか。

女：ありがとう。でももうすぐ終わるから大丈夫。資料のコピーをお願いしていい？

男：うん、いいよ。

女：午後3時前に提出しなければならないから、急いでお願いね。

男：わかった。

5. B

【原文】

男：あーあ、明日また北海道へ出張に行くことになったよ。

女：お疲れ様です。ところで、もうすぐ三連休ですね、何か予定ありますか。

男：家でゆっくりしたいと思ったけど、友達に誘われて温泉旅行に行くことになったんだ。

女：温泉旅行、いいですね。私も旅行に行きたいけど、友達の結婚式なので、実家へ帰らなきゃいけないんです。

6. C

【原文】

男：飲み物はお茶でいい？

女：もちろんコーヒーだよ。私の大好物だから。

男：そう言っても、今朝もコーヒーだろう。ちょうどリンゴのシーズンだし、体にもいいし、これにしたら。

女：はーい。

第三节　情景推理

1. C

【原文】

女：鈴木さん、おはようございます。ずいぶん汗をかいていますね。

男：はい、そろそろ帰ります。吉田さんは今からですか。

女：はい、今日こそ5キロメートルを目指します。

男：絶対できます。頑張って。

2. C

【原文】

男：山口さん、今日はお弁当？

女：うん、学校の食堂はもう飽きたから。

男：そうだね、もう三年も食べたから。

女：そうだよ。ね、この新商品のコーヒー、飲んでみた？

男：うん、甘さちょうどで、いい感じだったよ。

女：じゃ、買っておこう。午後図書館で眠い時に飲むわ。

3. A

【原文】

男：鈴木さん、どれにしたいですか。

女：えーと、英語は分からないから、日本語のものにします。

男：怖いものは大丈夫ですか？

女：いやいや、それは無理です。

男：じゃあ、アクションか、ラブストーリーですね。

女：恋愛物、大好きです。じゃ、これかな。

第四部分　実戦練習篇

听力模拟题一

1.【原文】

女：すみません、北海道行きの新幹線は何時の出発ですか。

男：今4時20分ですから、あと10分ですよ。

女：あ、ちょっと急ぎですね。その次は何時ですか。

男：4時50分です。

女：あ、それでお願いします。

答案：C

2.【原文】

女：わあ、大きいですね。ここが島崎さんのマンションですか。

男：ええ、そうです。

女：これはなんですか。番号を押すんですか。

男：えっとね。このマンションは番号でドアを開けるんだ。

女：おもしろいですね。

男：えっと…　番号が82090234、で、最後に0。

女：8209、まあ、こんなにたくさん番号があって、大変でしょう。一回聞くだけでは覚えられないですね。

男：まあね。

答案：C

3.【原文】

女：ね、このお皿どう？

男：確かに色もいいね。やっぱり丸いのほうより四角のほうが整理しやすいと思う。スペースも節約できるし。

女：そうでしょう？この正方形のほうは？明るいカラーが気に入ったけど。

男：でも、魚類とかは正方形より長方形がいいんじゃない？

女：そうね、うちはほぼ毎日魚料理だから。こっちにしよう。

答案：C

4.【原文】

女：お電話ありがとうございます。松島屋でございます。

男：すみません。夕食の予約を取りたいですけど、6時半は大丈夫ですか。

女：かしこまりました。メニューはコース料理になさいますか。

男：はい、6000円のAコースで。

女：申し訳ございません、Aコースは今日はちょっと予約ができないですね。代わりにステーキメインのBコース、あるいは魚メインのCコースはいかがですか。

男：じゃ、魚メインで。

答案：C

5.【原文】

女：これからコンビニに行ってくるね。醬油と塩が切れたから。

男：あ、石鹸も買ってきてくれる？もう小さくなってるよ。

女：石鹸ならその引き出しに入っているでしょう。

男：この前使って、もうないよ。

女：そうなの。じゃ、買わないとね。

男：あ、それから、切手も、昨日使ってなくなっちゃったんだ。

女：うーん、それはいつものスーパーにはないと思うなあ。

男：そうか、じゃ、後で僕が自分で郵便局に買いに行くよ。

答案：B

6.7.8.【原文】

男：今日は遅刻して課長に叱られたんだよ。

女：遅刻か…朝寝坊？それともバスが遅れてきた？

男：そうじゃなくて、いつもの時間に家を出たんだけど、バス停の近くまで行ってから、会議の資料を家に忘れたことに気づいて、取りに戻ったんだ。

女：そうだったの。

男：それで、バスをやめて、タクシーに乗ることにしたんだけど。

女：タクシーのほうが早いからね。

男：ところが、道が渋滞してて20分も遅れてしまったんだ。地下鉄に乗ればよかったな。

女：大変だったね。

6. 答案：C

7. 答案：B

8. 答案：A

9.10.11.【原文】

女：今日の英語の試験は最後の試験ですよね。

男：いいえ、明後日また体育の試験があるんだ。

女：あ、そう。体育も試験があるの？

男：うん。それから、数学の試験も昨日やっと終わった。一番苦手な科目でね。

女：これからは楽しい休みね。中国へ帰るの？

男：まだ決まっていない。京都へ行ってみたいなあ。

女：沖縄へ行かないの。

男：沖縄はちょっと遠い。

9. 答案：A

10. 答案：C

11. 答案：B

12. 13. 14.【原文】

男：ねえ、ママ。今度の旅行だけど、この旅館はどうかなあ。箱根で非常に人気があるみたい。

女：どれどれ…うん、良さそうじゃない。

男：プランはどっちにする？

女：やっぱり和室のほうがいい。それから、食事もつけて。

男：え？旅行の食事、エリは食べられないんじゃないかな。

女：今はね、子供用のお料理、ちゃんと用意してくれるから心配要らないよ。せっかく旅館に泊まるなら、お部屋でゆっくり食事したくない？あなたもお酒、ゆっくり飲めるわよ。

男：お、それ、いいなあ。じゃ、このプランを予約しておくよ。

12. 答案：A

13. 答案：C

14. 答案：C

15. 16. 17.【原文】

女：明日から三日間休みですね。何か予定がありますか。

男：明日はせっかくなので、昼まで部屋を掃除しようと思います。

女：午後は？

男：午後は友達と美術館へ行って、それから日本料理を食べに行こうと思います。

女：明後日はゆっくり休みますか。

男：いいえ、バーベキューをしたいです。

女：近くの公園でバーベキューですか。

男：いいえ、近くの川です。

15. 答案：B

16. 答案：B

17. 答案：B

18. 19. 20.【原文】

女：あ、太郎、今から出かけるの？

男：うん。駅前の映画館で友達と映画を見にいく。

女：あ、そう。それなら、駅前の郵便局に寄って、この荷物、出してくれない？

男：えー。ちょっと本屋に寄ろうと思ってたのにな。まあ、映画の後にするか。じゃあ、

出してきてあげるよ。

女：ありがとう。急ぎだから、映画の前に行ってね。はい、お金。

男：え、こんなにかかるの？

女：余った分は、ご飯代にでもつかいなさい。

男：やった。

18. 答案：A

19. 答案：C

20. 答案：B

听力模拟题二

1.【原文】

女：この写真の中の猫って鈴木さんが飼っている猫ですか。

男：はい、そうです。

女：かわいい〜白猫は普段あまり見かけないですね。

答案：A

2.【原文】

女：私の父はコーヒーが大好きです。毎日朝ご飯の前に一杯、昼ご飯の後にもう一杯、そして仕事が終わった時に、また一杯飲みます。コーヒーを飲むと、疲れが取れるそうです。幸いなことはコーヒーを飲んでも、ちゃんと眠れるそうです。

答案：C

3.【原文】

男：昨日の試験、難しかったね。特に社会、合格できるかあ。

女：私は、物理が最も難しかったよ。

男：そう。

女：あと、歴史も分からない問題が多かったよ。

答案：A

4.【原文】

女：このお店には、おいしそうなサンドイッチがいろいろありますね。李さんはどんなサンドイッチが好きですか。

男：そうですね。鶏肉やトマトが入ったサンドイッチも好きですが、一番好きなのは、牛

肉とチーズが入ったサンドイッチです。小野さんは？

女；私は魚と卵が入ったものが一番好きですね。

男：ああ、私は魚はちょっと。

答案: B

5.【原文】

女：このテレビ届けていただきたいですが。

男：はい、かしこまりました。

女：いつになりますか。

男：多分、来週の月曜日になると思っておりますが。

女：月曜日は出張ですから、来週の火曜か、水曜にしてお願いします。

男：火水は…あ、今週の日曜日の午後はいかがでしょうか。

女：早いほうがいいです。

男：かしこまりました。

答案: C

6.7.8.【原文】

留守番電話のメッセージを聞いています。

男：もしもし、田中ですけど、あのう、明日映画に行くことになってたよね。でも、急に出張が入っちゃって、それで、悪いんだけど、来週にしてもらってもいいかな。僕から誘ったのに、ごめん。映画の後、食事ご馳走するから、じゃ、また電話するよ。ほんと、ごめんね。

6. 答案A

7. 答案B

8. 答案A

9.10.11.【原文】

会社で男の人と女の人が話しています。

男：2時からの会議、準備はできた？

女：はい、こちら、頼まれていた資料のコピーです。

男：あっ、ありがとう。会議室は何時まで予約してくれた？

女：一時半から四時半まで予約いたしました。

男：うん、そのぐらいでいいだろう。それと、始まる前にエアコンをつけておいて、今日暑いから。

女：はい、会議の時はお茶を出したほうがいいでしょうか。

男：うん、お茶の準備は中田さんにお願いしよう。僕から頼んでおくよ。

9. 答案：B

10. 答案：C

11. 答案：B

12. 13. 14.【原文】

学校で先生が話しています。

　　明日は皆さんが調べたことについいパソコンを使って発表してもらいます。発表の時間は一人10分です。明日はまず、9時から30分間練習をして、その後で発表を始めます。パソコンの準備がありますから、練習が始まる15分前に教室に来てください。

12. 答案：A

13. 答案：C

14. 答案：B

15. 16. 17.【原文】

男：何にする？僕はコーヒー。

女：私は紅茶にする。

男：あ、そうだ。この間、1000円分のチケットもらったんだ。ほら、これ。1000円までなら、ただで飲んだり、食べたりできるんだ。これ、使おうよ。

女：ホント？じゃあ、私、ケーキ頼んでもいい？

男：いいよ。じゃあ、僕も、デザート、頼んじゃおうかな。僕は、こっちにするよ。

女：あ、でも、それだと、1000円以上になっちゃうね。

男：いいよ。300円だろ？僕が払うよ。

15. 答案：C

16. 答案：B

17. 答案：C

18. 19. 20.【原文】

女：映画は朝いちばんが10時から12時20分までで、次の回は3時から5時20分までなんだけど、どっちがいい？

男：午後にして、映画見た後、食事でもしようよ。

女：いいよ、そうしよう。それては、映画館は、さくら駅ってところから10分ぐらいらし

いんだけど…駅で20分前に待ち合わせる？

男：いいけど、さくら駅って、何線？地下鉄？

女：そう。横浜から出てる地下鉄だって。

男：じゃあ、横浜にしようよ。どうせ二人とも横浜を通るんだし。

女：うん、そうだね。横浜からさくら駅までどのぐらいかかるか、調べて、あとでメール
するね。

男：うん、頼むよ。

18. 答案：C

19. 答案：B

20. 答案：C

听力模拟题三

1.【原文】

女：すみません、新宿行きの電車は何時の出発ですか。

男：7時20分出発ですよ。後20分ですね。

女：そうですか。ありがとうございました。

答案：B

2.【原文】

女：あのう、課長、お願いがあるんですが。

男：はい、何ですか。

女：午後休ませていただけないでしょうか。

男：えっ？

女：子供は熱があって…病院に連れて行かないと…

男：分かりました。

答案：B

3.【原文】

女：あれ、猫はどこに行った？

男：本棚の上にいるんじゃない？

女：先までいたんですけど。今いないよ。あっ、ベッドの下に隠れていた。

答案：B

4.【原文】

女：すみません、玉出スーパーに行きたいですが。

男：この横断歩道を渡って、1つ目の交差点を右に曲がってください。住友銀行とデパートがある交差点です。

女：はい。

男：それから、5分ぐらい歩くと、郵便局が見えます。玉出スーパーはその向かい側にあります。

女：ありがとうございます。

答案：C

5.【原文】

女：じゃあ、私はサンドイッチを作って行きますね。

男：いいですね。お願いします。

女：飲み物はどうします？私が一緒に持って行きますか。

男：飲み物は李さんにお願いしましたので、大丈夫です。

女：はい、分かりました。あっ、コップやお皿は、どうしますか。

男：それは、バーベキュー場にありますから、心配しないでください。

答案：B

6. 7. 8.【原文】

女：学校の帰りにコンビニで買い物をしてくれない？

男：いいよ。何を買ったらいい？

女：パン、あと、みかんも。

男：みかんは何個でいい？

女：8個欲しいけど、うちにまだ二つあるから、6個でお願いね。

男：分かった。

6. 答案：B

7. 答案：A

8. 答案：B

9. 10. 11.【原文】

先生：はい、皆さん。これから、お茶の博物館を見学します。この博物館の一階では、お茶の歴史を勉強することができます。2階では、お茶についての映画が見られます。

3階では、実際に様々な種類のお茶を飲んで、味を比較することができます。これは皆さんの分を予約してあります。予約の時間まで後10分しかないので、3階へ急ぎましょう。それから、お土産は1階で売っています。買いたい人は見学の後で買ってください。

9. 答案: B
10. 答案: C
11. 答案: C

12. 13. 14.【原文】

女：大人になったら何になりたいですか。今年も、小学生の男女約千人にアンケートをした結果が発表されました。女の子では、ケーキ屋が人気で、10位から2位になりました。男の子では。科学者になりたいと言う子が去年から急に増えました。今回、一番多かった答えは、女の子では、去年も1位の小学校の先生。これに対して、男の子は警察官でした。このアンケート、１０年前は男女とも、医者が1位でしたが、最近は変わってきているようです。

12. 答案: C
13. 答案: B
14. 答案: C

15. 16. 17.【原文】

女：田中くん、きのう生物の授業、休んだよね。来週の授業は、川の中にいる生き物を観察するから、教室じゃなくて、川に集合だって。
男：面白そうだね。
女：うん。それでは、川の水とか取った生き物を入れるのに、プラスチックの容器を持っていくように、先生が。
男：容器？空のペットボトルでもいいの？
女：ペットボトルは口が小さくて入れにくいから、浅くて底が広い、お皿みたいなのにしろって。
男：そっか。
女：それとね、川に入るから、ゴムのサンダルを持っていきなさいって。
男：うん、教科書も必要だよね。濡れないようにカバーをつけて行こうかな。
女：教科書は濡れると困るから、持って行くなだって。
男：分かった。

15. 答案：B

16. 答案：A

17. 答案：A

18. 19. 20.【原文】

女：今日の宿題について説明します。ええ、このクラスには世界各国からの留学生が集ま

　　っていますね。皆さんの故郷に、そして世界中にはさまざまな料理があると思います

　　が、何か特別な思い出のある料理がありますか。一つ選んで、それはどのような料理

　　か、どんなことがあったからその料理が特別なのか、800字ぐらいの文章を書きましょ

　　う。もちろん、日本の料理でもかまいません。

18. 答案：C

19. 答案：C

20. 答案：B

听力模拟题四

1.【原文】

女：ハンバーガーをください。

男：ハンバーガーお１つ550円です。

女：あっ、それとジュースを。

男：ジュースは150円です。合計700円になります。セットメニューにすれば、650円になり

　　ますが。

女：じゃあ、セットでお願いします。

答案：B

2.【原文】

男：来週の月曜日の会議についてお知らせします。会議の場所は1号会議室です。時間は午

　　後2時から4時までです。みなさん、遅刻しないでください。その日に急な用事で出席

　　できない場合は直接課長に連絡してください。社長と部長も会議にご出席になる予定

　　です。

答案：A

3.【原文】

男：ごめん、鉛筆持って来るのを忘れちゃった。余分の鉛筆があったら貸してくれる？

女：ちょうどあるよ。はい、どうぞ。

男：助かるよ。テストではボールペンは使えないからね。

女：そうだね。消しゴムはあるの？

男：うん、それは大丈夫。

答案：A

4.【原文】

男：ちょっとコンビニに行くけど、何か買ってこようか。

女：じゃ、牛乳をお願いね。

男：わかった。

女：あ、その前に、ごみを出してくれない？

男：いいよ。

答案：C

5.【原文】

女：山下さん、今日は早いね。

男：うん、今日は自転車をやめて電車で来たんだ。

女：そう、午後から雨が降るそうだから？

男：いや、自転車が壊れて修理に出したんだ。

答案：A

6.7.8.【原文】

男：マリアさん、留学生活はどうですか。食べ物には慣れていますか。

女：はい、最初は刺身があまり食べられなかったんですが、今は一番好きな食べ物になりました。それから、ラーメンや天ぷらも大好きです。

男：それはよかったですね。

女：あと、天気も自分の国とあまり変わらないから、大丈夫です。でも、言葉はやはり難しいです。自分の言いたいことをうまく表せなくて。特に、敬語はなかなか覚えられません。

男：敬語は日本人にとっても難しいですよ。

6.答案：B

7. 答案：C

8. 答案：C

9. 10. 11.【原文】

女：すみません。この近くに郵便局はありませんか。

男：あそこにさくらデパートがありますね。

女：さくらデパート？あの白いビルですか。

男：はい、そうです。郵便局はあの白いビルの後ろです。

女：分かりました。

男：あ、でも、今6時ですね。郵便局はもうしまっていますよ。

女：本当ですか？！

男：2つ隣の駅に大きい郵便局があって、そこは24時間開いています。

女：2つ隣の駅ですね？行ってみます。ありがとうございます。

男：いいえ。

9. 答案：A

10. 答案：C

11. 答案：A

12. 13. 14.【原文】

男：皆さん、私の話を聞いてください。日曜日に友達と長野へ行きました。長野はとても
きれいなところで、特に冬は雪がたくさん降ってきれいだと聞きました。でも、長野
に行ってみたら、今年の冬は暖かくて、全然雪が降りませんでした。私たちの国は一
年中暑いので、雪が降りません。だから、雪を見るのを楽しみにしていました。本当
に残念です。

12. 答案：A

13. 答案：B

14. 答案：A

15. 16. 17.【原文】

女：すみません。このホームに来る電車は秋葉原に行きますか。

男：いいえ、秋葉原には行きません。隣のホームに来る電車なら行きますよ。

女：そうですか。あの黄色い電車ですね？

男：そうです。あ、でも、先にこのホームに来る赤い電車に乗って、次の駅で黄色い電車

に乗り換えた方が早く着きますよ。

女：わかりました。では、このままこのホームに来る電車に乗ります。ありがとうござい
　　ました。

男：いいえ、どういたしまして。

15. 答案：C

16. 答案：A

17. 答案：C

18. 19. 20.【原文】

女：今日皆様にご紹介する商品はこちら。手のひらサイズなので、一見携帯電話のように
　　も見えますが、実はこれ、ビデオカメラなんです。こんなにコンパクトでも機能はバ
　　ッチリ！一回の充電で8時間もとれるんですよ。今回は視聴者の皆様に特別価格の
　　8万円でご提供します。今すぐお電話下さい。

18. 答案：A

19. 答案：C

20. 答案：A

听力模拟题五

1.【原文】

女：お父さん、冷蔵庫のケーキは？

男：食べちゃったよ。

女：まさか、それゆうとのために買ったんだけど。テストを頑張ったご褒美にあげようと
　　思ったのに。

男：ごめんごめん、今から買ってくる。どんな物を選んだらいいか分からないから、れい
　　こも一緒に行こうか。

答案：C

2.【原文】

男：お母さん、さっき買った牛乳はどこ？

女：テーブルの上にあるだろう。

男：それが、買い物袋の中にないよ。

女：整理したのかな？冷蔵庫の中は？

男：やっぱりないけど。

女：あら、もしかして持って帰ってないかも。スーパーのレジの隣に置いたまま。

答案：C

3.【原文】

女：よかったら、どうぞ。お土産です。連休に長崎に行ってきました。

男：あ、ありがとうございます。これは長崎の名産で、東京ではなかなか買えないですよね。佐藤さんは長崎の出身ですか。

女：いえ、実家は大阪ですが、今度は主人の実家に帰ったんです。

男：そうなんですか。

答案：C

4.【原文】

女：鈴木さん、問題の回答は何ですか。

男：すみません、まだ見つかっていません。

女：テキストの216ページの一番上に書いてありますよ。

男：あ、116ページを見ていました。

女：授業はちゃんと聞くようにしてください。

答案：B

5.【原文】

女：あ〜会社辞めたいわ。

男：何で急に？

女：課長が厳しくて、やってられないわ。

男：えっ？この前コーヒーも買ってくれたって言ったじゃん。

女：それは前の課長のこと、かっこよくて優しい人だったのに。

男：そうか、課長が変わったのか。

答案：A

6.7.8.【原文】

女：お決まりでしょうか。

男：はい、ハンバーグ定食下さい。

女：ライスとパンはどちらになさいますか。

男：えーっと、パン。

女：かしこまりました。お飲み物はよろしいですか。

男：付いてるんですか。

女：定食をご注文のお客様にはプラス100円でコーヒーをお出しできます。

男：100円？ じゃあ、コーヒー。

女：ホットでよろしいですか。

男：いえ、アイスで。

女：アイスコーヒーですね。かしこまりました。少々お待ちください。

6. 答案：B

7. 答案：C

8. 答案：C

9. 10. 11.【原文】

男：一週間前に友達と一緒に京都へ旅行に行きました。新幹線は高いので、バスで行きました。夜10時に東京駅を出発して、朝6時に京都駅に着きました。次の日は夜京都駅を出発して、朝東京駅に着きました。乗る前は疲れるかなと心配しましたが、行くときも帰る時もとてもよく眠れたので、全然疲れませんでした。京都ではきれいなお寺をたくさん見て、おいしい物を食べました。本当に行って良かったです。

9. 答案：C

10. 答案：B

11. 答案：C

12. 13. 14.【原文】

女：すみません。外の貼り紙を見たんですが、まだアルバイトを募集していますか。

男：はい、募集しています。どうぞこちらへ。

女：ありがとうございます。

男：これまで喫茶店でアルバイトをしたことがありますか。

女：喫茶店はありませんが、レストランでアルバイトをしたことがあります。

男：そうですか。レストランなら仕事の内容が似ていますね。一週間に3日以上来てほしいんですが、大丈夫ですか。

女：3日ですね？ 大丈夫です。毎日でもいいです。

12. 答案：B

13. 答案：B

14. 答案：B

15. 16. 17.【原文】

女：こちらは廃品回収車です。ご不要になったパソコン・冷蔵庫などはございませんか。無料でお引き取り致します。壊れていても構いません。ただ今徐行運転しておりますので、お持ち込みが大変な場合は窓から手を振って下さい。ご自宅まで取りにうかがいます。どうぞ、お気軽にご利用下さい。

15. 答案：C

16. 答案：C

17. 答案：B

18. 19. 20.【原文】

女：お客様、よろしかったら試食なさいませんか。

男：何ですか、これ。

女：大豆から作ったクッキーです。

男：大豆？

女：はい、小麦粉を一切使っておりません。

男：じゃ、ひとつ。あ、おいしいね。

女：ありがとうございます。大豆は畑の肉と言われるほど良質のタンパク質を多く含んでいるんですよ。

男：ふうん。

女：このように携帯に便利なように、小さい袋に小分けされています。

男：忙しくて食事がとれないことが多いんだけど、これなら職場でも食べられそうだね。

女：はい、おっしゃる通りです。

男：じゃあ、一箱もらおうかな。ちょうど今、お腹すいてるし。

女：ありがとうございます！

18. 答案：C

19. 答案：B

20. 答案：A

附 录

～人	～個	～歳	～冊	～回	～階
ひとり	いっこ	いっさい	いっさつ	いっかい	いっかい
ふたり	にこ	にさい	にさつ	にかい	にかい
さんにん	さんこ	さんさい	さんさつ	さんかい	さんがい
よにん	よんこ	よんさい	よんさつ	よんかい	よんかい
ごにん	ごこ	ごさい	ごさつ	ごかい	ごかい
ろくにん	ろっこ	ろくさい	ろくさつ	ろっかい	ろっかい
しち/ななにん	ななこ	ななさい	ななさつ	ななかい	ななかい
はちにん	はち/はっこ	はっさい	はっさつ	はち/はっかい	はち/はっかい
きゅうにん	きゅうこ	きゅうさい	きゅうさつ	きゅうかい	きゅうかい
じゅうにん	じゅっこ	じゅっさい	じゅっさつ	じゅっかい	じゅっかい
じゅういちにん	じゅういっこ	じゅういっさい	じゅういっさつ	じゅういっかい	じゅういっかい
じゅうににん	じゅうにこ	じゅうにさい	じゅうにさつ	じゅうにかい	じゅうにかい
なんにん	なんこ	なんさい	なんさつ	なんかい	なんかい

～台	～枚	～番	～杯	～本	～匹
いちだい	いちまい	いちばん	いっぱい	いっぽん	いっぴき
にだい	にまい	にばん	にはい	にほん	にひき
さんだい	さんまい	さんばん	さんばい	さんぼん	さんびき
よんだい	よんまい	よんばん	よんはい	よんほん	よんひき
ごだい	ごまい	ごばん	ごはい	ごほん	ごひき
ろくだい	ろくまい	ろくばん	ろっぱい	ろっぽん	ろっぴき
ななだい	ななまい	ななばん	ななはい	ななほん	ななひき
はちだい	はちまい	はちばん	はっぱい	はっぽん	はっぴき
きゅうだい	きゅうまい	きゅうばん	きゅうはい	きゅうほん	きゅうひき
じゅうだい	じゅうまい	じゅうばん	じゅっぱい	じゅっぽん	じゅっぴき
じゅういちだい	じゅういちまい	じゅういちばん	じゅういっぱい	じゅういっぽん	じゅういっぴき
じゅうにだい	じゅうにまい	じゅうにばん	じゅうにはい	じゅうにほん	じゅうにひき
なんだい	なんまい	なんばん	なんばい	なんぼん	なんびき

～頭	～羽	～足	～着	～通	～キロ
いっとう	いちわ	いっそく	いっちゃく	いっつう	いちキロ
にとう	にわ	にそく	にちゃく	につう	にキロ
さんとう	さんわ	さんぞく	さんちゃく	さんつう	さんキロ
よんとう	よんわ	よんそく	よんちゃく	よんつう	よんキロ
ごとう	ごわ	ごそく	ごちゃく	ごつう	ごキロ
ろくとう	ろくわ	ろくそく	ろくちゃく	ろくつう	ろっキロ
ななとう	ななわ	ななそく	ななちゃく	ななつう	ななキロ
はっとう	はっぱ	はっそく	はっちゃく	はっつう	はち/はっキロ
きゅうとう	きゅうわ	きゅうそく	きゅうちゃく	きゅうつう	きゅうキロ
じゅっとう	じゅっぱ/じゅうわ	じゅっそく	じゅっちゃく	じゅっつう	じゅっキロ
じゅういっとう	じゅういっぱ	じゅういっそく	じゅういっちゃく	じゅういっつう	じゅういちキロ
じゅうにとう	じゅうにわ	じゅうにそく	じゅうにちゃく	じゅうにつう	じゅうにキロ
なんとう	なんわ	なんそく	なんちゃく	なんつう	なんキロ

～年	～月	～年間	～週間	～時間
いちねん	いちがつ	いちねんかん	いっしゅうかん	いちじかん
にねん	にがつ	にねんかん	にしゅうかん	にじかん
さんねん	さんがつ	さんねんかん	さんしゅうかん	さんじかん
よねん	しがつ	よねんかん	よんしゅうかん	よじかん
ごねん	ごがつ	ごねんかん	ごしゅうかん	ごじかん
ろくねん	ろくがつ	ろくねんかん	ろくしゅうかん	ろくじかん
しち/ななねん	しちがつ	ななねんかん	ななしゅうかん	しち/ななじかん
はちねん	はちがつ	はちねんかん	はっしゅうかん	はちじかん
きゅうねん	くがつ	きゅうねんかん	きゅうしゅうかん	くじかん
じゅうねん	じゅうがつ	じゅうねんかん	じゅっしゅうかん	じゅうじかん
じゅういちねん	じゅういちがつ	じゅういちねんかん	じゅういっしゅうかん	じゅういちじかん
じゅうにねん	じゅうにがつ	じゅうにねんかん	じゅうにしゅうかん	じゅうにじかん
なんねん	なんがつ	なんねんかん	なんしゅうかん	なんじかん